"선생님,
페미니즘이 뭐예요?"

이 도서는 한국출판문화산업진흥원
'2019년 우수출판콘텐츠 제작 지원' 사업 선정작입니다.

"선생님,
페미니즘이 뭐예요?"

초판 1쇄 인쇄 2019년 6월 26일
초판 1쇄 발행 2019년 7월 17일

글쓴이 염경미
펴낸이 김승희
펴낸곳 도서출판 살림터

기획 정광일
편집 조현주
일러스트 이태수
북디자인 꼬리별

인쇄·제본 (주)현문
종이 월드페이퍼(주)

주소 서울시 양천구 목동동로 293, 22층 2215-1호
전화 02-3141-6553
팩스 02-3141-6555
출판등록 2008년 3월 18일 제313-1990-12호
이메일 gwang80@hanmail.net
블로그 http://blog.naver.com/dkffk1020

ISBN 979-11-5930-108-7 03370

이 도서의 국립중앙도서관 출판예정도서목록(CIP)은
서지정보유통지원시스템 홈페이지(http://seoji.nl.go.kr)와
국가자료공동목록시스템(http://www.nl.go.kr/kolisnet)에서 이용하실 수 있습니다.
(CIP제어번호: CIP2019024649)

"선생님,
페미니즘이 뭐예요?"

염경미 지음

살림터

'페미니즘'이 '민주주의'만큼
일상에서 자연스러운 말이 되는 날을 위하여

2016년 5월 17일, 강남역에서 20대 여성이 살해당한 사건 이후 많은 것들이 달라졌다. 많은 여성들과 성소수자들이 더 이상 참지 않겠다고 일어났다. 더 나은 민주주의가 도래하려면 가만히 앉아서 기다려서는 아무것도 이루어지지 않는다는 것을 알게 되었다. 1987년 민주화 운동 이후 30여 년이 흘렀다. 우리는 민주주의를 향해 또다시 거리에서 모였고, 촛불혁명으로 정권을 바꾸었다. 그런데도 여전히 투쟁의 현장에 함께한 여성 동지들에게 정치적인 자리의 배분은 없었다. 여전히 반여성적인 사태는 여기저기에 만연하다. 여성의 입장에서 사건을 보지 않으며, 여성의 아픔과 두려움을 이해하려고 하지 않는다. 오히려 그만한 일로 야단법석이냐고 호통치고 나무란다. 너희만 참으면 되는 일을 왜 시끄럽게 하느냐고, 여자가 문제라고 하며 이기적이라고 몰아붙인다.

민주주의란 가장 낮은 곳에 있는 사회적 약자들의 인간다운 삶을 기준으로 들여다보아야 할 것이다. 부자나 권력자는 어떤 사회에서나 강자였으므로 그들에겐 언제나 살 만한 세상이었고 그들만의 민주주의였다. 그러나 사회적 약자들은 억압받고 배제되어 제 목소리를 내지 못하고 살았다. 인구의 절반은 여성이다. 오천년 역사의 가부장제 사회에서 여성은 언제나 부차적인 존재로 치부되었다. 이제는 여성의 소리에 귀를 기울이는 사회, 여성이 살 만한 사회가 민주주의 사회이다. 나는 페미니즘으로 가는 길이 민주주의의 완성으로 가는 길이라고 생각했다.

페미니즘은 억압받는 여성의 관점으로 세상의 질서를 해석하려는 사회적 소수자들의 철학이자 저항의 언어이다. 기존의 거대한 남성 중심 사고와 사회문화에 균열을 내는 출발점이기도 하다. 페미니즘은 더 이상 인터넷 공간에만 머물지 않고, 거리에서 만나고 일터로 확산되며 학교와 가정에서도 논의되기 시작했다. 여성의 생애와 삶을 태어나는 순간부터 할머니가 되기까지의 모든 과정을 페미니즘이라는 프리즘으로 들여다보게 되었다. 그리하여 여성의 위치를 페미니즘을 통해 이해하게 되었다. 우리는 성별 임금 격차[1]가 OECD 국가 중에서 가장 높은 나라에서 살고 있다. 출산과 양육, 가사노동, 돌봄 노동이 여성에게 일방적으로 강요되는 것을 당연시하는 사회에 살고 있다. 뿐만 아니라 사회는 발전해 다원화되어 가는데도 불구하고 남성우월주의 내지 남성 중심의 사고방식이나 사회문화의 여파는 여전하여 여성을 동등한 인간으로 보지 않는 경향을 드러내고 있다.

이 세상에 함부로 해도 되는 사람은 없다. 누군가 우월하다는 것은 누군가는 열등하다는 것을 전제한다. 이러한 우월주의는 혐오 문화를 확산하고 혐오는 폭력을 낳고 폭력은 살인으로 이어질 수 있다. 그

---

1. 통계청, 경제활동인구조사, 2016. / 『경향신문』, 2018. 8. 7.

래서 여성혐오, 외국인 혐오, 난민혐오, 장애인 혐오, 동성애자 혐오와 같이 사회적 약자에 대한 혐오 문화를 단절해야 한다. 특히 여성혐오로 인한 갈등 상황을 보노라면 위험하기 그지없다 . 만나 주지 않는다고, 대든다고, 기분이 나쁘다고, 자신을 무시한다는 이유로 여성에게 가해지는 살인, 상해, 강간 등의 폭력이 일어나고 있다. 그것은 여성들의 잘못이 아니며 가해자들의 범죄행위이다. 심지어 집단적으로 여성에게만 가해지는 메갈 낙인으로 인한 고충도 이만저만이 아니다.

억압이 심할수록 반작용도 크다. 2018년 시작된 미투 운동이 바로 그것이다. 그로 인해 여성들은 힘과 용기를 주고받는다. 그동안 피해여성들은 고발조차 할 수 없는 사회문화를 견디고 있었다. 너도 즐긴 게 아니냐고 피해를 증명해 보라고 요구받았고, 오히려 꽃뱀 프레임으로 낙인을 찍었다. 남성 중심 사회는 성폭력 피해자에게 책임을 묻는다. "네가 밤늦게 돌아다녀서, 술을 먹어서, 야한 옷을 입어서, 짧은 치마를 입고 다녀서, 적극적으로 거절하지 않아서" 등의 이유로 피해자의 잘못이라고 몰아붙였다.

2018년 시작한 한국에서의 미투 운동은 성폭력에 대한 패러다임을 바꾸었다. 이는 우리 사회에 만연한 '강간해도 괜찮아'라는 식의 폭력문화에 대한 고발이다. 또한 성평등 사회 실현을 위한 연대 운동이다. 페미니즘은 미투 운동의 철학이자 실천이다.

페미니즘은 정체되어 있지 않다. 고인 물이 아니라 끊임없이 새 물을 받아들이며 새로운 요구를 생산한다. 뿐만 아니라 사회 변화와 변혁을 추구하며 역동적인 발전을 도모한다.

나는 페미니즘에 입문한 지 20년이 지났다. 처음엔 내가 태어난 상황 자체가 페미니스트가 되도록 만들었다. 먼저 '여신모'라는 목요일에 만나는 소모임을 통해 페미니즘 공부를 하고, 페미니즘이 민주시민교육의 철학이 되었다. 전교조 여성위원회 활동에 참여하면서 여성연대를 하며 여학생들의 생리공결과 여교사들의 보건휴가도 이루었다. '진보적인 여교사가 세상을 바꾼다'는 기치 아래 여기까지 왔다. 영화 〈피의 연대기〉를 함께 보면서 학교 화장실과 공중시민 화장실에 생리대 배치를 공론화했다. 〈파도 위의 사람들〉을 함께 보며 낙태금지법으로 국가가 여성의 몸을 통제한다는 것을 알았다. 임신한 여성은 자기 몸에 대한 자유가 없으며 행복을 추구할 권리도 없다. 〈런던 프라이드〉는 성소수자들이 파업 중인 광부들과 어떻게 연대하는지를 보여주었다. 그 어떤 이야기도 페미니즘 수업의 주제가 될 수 있다. 가장 원론적인 〈빵과 장미〉는 여성에게 제대로 된 임금과 인간으로서의 존중을 요구하는 최초의 운동이었다. 여성들은 광범위하게 자매애로 연대하고, 저변을 확대하고 있다.

여성의 역사는 투쟁의 역사이다. 성별 이분법이 아닌 다양한 젠더 스펙트럼이 자연스럽게 이루어지는 날이 바로 더 나은 민주주의가 이루어지는 날이다. 민주화운동 과정에서 촛불을 들고 민주주의를 외친 사람 중 절반은 여성이었다. 탄핵 이후 더 나은 민주주의는 여성이 행복한 사회를 만드는 것이다. 여성이 행복한 사회는 남성도 행복하다. 모든 인간의 해방을 의미한다. 마지막 식민지는 여성이기 때문이다. 그 마지막 식민지를 내놓지 않으려고 여성혐오 문화를 확대하려는 움직임은 강력하고 견고하다. 하지만 닭의 모가지를 비틀어도 새벽은 온다. 영 페미니스트의 결집과 연대는 새벽을 앞당기고 있다. 뿐만 아니라 10대 청소년들도 학교 미투 운동을 하며 직접행동으로 성폭력, 성추행, 성희롱을 고발하고 있다.

이제 이 책을 통해 학생들과 페미니스트 교사들에게 쉽게 다가설 수 있는 이야기를 나누며, 페미니즘 수업과 학교 페미니즘 교육 확산에 밑거름이 되고자 한다.

더러는 말한다. '페미니즘이 과격하다, 무섭다'고 하면서 좀 더 친절하고 온화한 방법으로 알려 달라고 한다. 남자들에게 예의 바르게 행동하기를 요구한다. 이 또한 세상의 중심을 남성에 두고 하는 말이다. 이 무슨 가진 자의 오만인가? 그런 친절을 요구할 권리는 아무도 주지 않았다. 모르는 건 본인이 공부해야지, 평생 열심히 공부하고 온몸으로 저항과 불편을 익힌 페미니스트가 공짜로 가르쳐 주지는 않는다. 게다가 진정한 마음으로 배울 의사도 없는 이에게라면 더욱 그러하다. 뿐만 아니라 세상 물정을 너무 모른다. 인류 역사 이래 수천 년을 누려 온 남성 권력에 균열을 내는 일이다. 여성 억압의 굴레를 걷어 내는 일이다. 이것이 어찌 온화하고 친절한 말로 가능하겠는가? 페미니즘은 기존의 남성 중심 질서의 전복이며 변혁이기 때문에 불편은 당연하다. 남성이 그랬던 것처럼 여성 우위의 시대를 열고자 하는 게 아니다. 다만 여성 억압의 기제로 이용된 잘못된 관습이나 전통, 사회문화, 인식의 틀, 제도와 구조, 법을 더욱더 평등하게 만들자는 의미이며, 궁극적으로 모든 사람이 행복하자는 것이다.

"페미니스트들이여, 조바심 내지 마시라. 그들은 페미니스트를 오해할 권리가 있고, 우리는 그들에게 일일이 친절하게 해명할 의무가 없다. 다만 세상의 절반인 여성을 동일한 인간으로 존중하는 날이 우리가 함께 만들고자 하는 더 나은 민주주의 사회니까.”

　모든 여성들이 알았으면 하는 이야기가 있다. 우리나라의 여성 인권 신장과 여성 노동자의 인간다운 삶을 위하여 연대하고 투쟁한 사람들이 있다. 그들은 바로 전교조 여성위원회이다. 현실적인 성과로는 여학생 생리공결, 여교사의 보건휴가, 출산휴가를 받은 여교사의 성과급 인정, 육아휴직자의 급여 인상, 육아휴직 3년의 경력 인정은 모두 전교조 여성위원회에서 수년에 걸쳐 문제 제기를 하고 투쟁한 결과물이다. 거저 얻은 내용이 아니다. 2018년부터 꾸준히 문제 제기하는 것은 ‘학교 여성 화장실에 생리대 배치’이다. 처음 휴지를 배치했을 때 우려했던 일을 떠올려 보자. 지금은 공중 화장실이라면 어디에나 자연스럽게 휴지가 배치되어 있듯이, 생리대를 배치하면 필요한 여성이 사용할 것이다. 생리대가 없어서 학교를 못 오거나 외출을 못하는 아이들이 있다. 가임기 여성이라면 누구에게나 필수품인 생리대는 이를 생산하는 기업에 안정적인 이윤을 가져다주었다. 비싼 생리대를 마음 놓고 구입할 수 없는 여성 청소년이 많다는 사실을 알아야 한다. 학교 예산의 1%를 생리대 구입에 배정하는 것을 의무화할 것을 제안한다. 아무 일도 없는 것처럼 개인적인 문제로 치부할 것이 아니라 누구나 걱정 없이 생리대를 이용할 수 있는 사회를 만들자는 것이다.

　마지막으로 페미니즘 공부를 함께 하며 서로에게 응원을 아끼지 않는 전교조 여성위원회 동지들에게 감사와 존경의 마음을 표하면서 이 책을 세상에 내놓으려 한다.

2019년 6월
염경미

차례

들어가는 말 | '페미니즘'이 '민주주의'만큼 일상에서 자연스러운 말이 되는 날을 위하여 4

1장 왜 페미니즘 교육인가? 13
    1. 페미니즘이 민주주의의 완성이다 15
    2. 그 많던 여성 동지는 어디로 갔나? 17
    3. 페미니즘 교육이 필요한 이유 21
    4. 페미니즘이란 무엇인가? 25

2장 나는 왜 페미니스트가 되었나? 29
    1. 여성인 나에게 요구한 것들 31
    2. 아들 선호의 욕망 35
    3. 첫딸은 살림 밑천, 그 말을 거절합니다 40
    4. 가부장 문화를 재생산하는 학교 43

3장 여성혐오는 어디에서 오는 걸까? 49
    1. 전환점, 강남역 여성 살해 사건 51
    2. 인터넷 공간, 여성혐오에 대한 공방 54
    3. 정의당, 메갈당원 집단 탈당 사태 56
    4. 분노한 남자들, 〈시사인〉 절독 사태 57
    5. 연예계, 『82년생 김지영』 소설만 읽어도 메갈 낙인 58

4장 페미니즘에 대한 편견과 오해 61
 1. 여성은 왜 페미니즘이라는 말에 머뭇거리는가? 63
 2. 남성들은 왜 페미니스트를 두려워하는가? 69
 3. 10대 여성의 페미니스트 성장기 76
 4. 데이트 폭력 83
 5. 학교 미투 운동 90
 6. 최초의 미투 운동, "나는 일본군 성노예였다" 95

5장 페미니즘 수업일기 1-학생 인터뷰
 여성으로 살아간다는 것 99
 1. 외모 칭찬, 사양합니다 101
 2. 날씬한 몸매를 원하십니까? 106
 3. 성형 수술 권하는 가족 111
 4. 쌍꺼풀 수술하는 아이들 116

6장 페미니즘 수업일기 2-학교 공간에서 만나는 페미니즘
 청소년들은 어떻게 페미니즘을 만날까? 123
 1. 학교에서의 페미니즘 갈등 125
 2. 학교, 안티페미니스트의 등장 129
 3. 페미 동아리의 결성 133

7장 페미니즘 수업일기 3-사회적 논쟁을 교실에서도 논쟁하라
 갑론을박, 토론하는 페미니즘 139
 1. 미투 운동이란 무엇인가? 143
 2. 난민을 향한 위험한 시선, 잠재적 성폭력 범죄자 154

8장 페미니즘 수업일기 4-독서와 서평으로 다가가는 페미니즘 입문기

책으로 만나는 생각 성장 페미니즘 161

1-1.『우리에겐 언어가 필요하다』 164

1-2.『우리에겐 언어가 필요하다』 166

2-1.『인권과 소수자 이야기』 168

2-2.『인권과 소수자 이야기』 170

3-1.『불편해도 괜찮아』 172

3-1.『불편해도 괜찮아』 175

4-1.『나에 관한 연구』 177

4-2.『나에 관한 연구』 181

5. 책을 잘못 이해한 경우 184

9장 페미니즘 수업일기 5-대중매체와 가부장제도의 재구성

미디어 분석으로 페미니즘 수업하기 187

1. 〈pick me〉 & 〈나야 나〉 191

2. 중1 남학생들이 열광하는 유튜버 202

3. 광고로 길들이기 204

4. 드라마로 보는 세상 209

5. 웹툰으로 여혐 유행어 생산 215

6. TV 예능 프로그램에서 어린 여자에게 열광하는 이유 220

7. 게임에서도 옷을 벗는 여자 223

8. 노래 가사로 보는 성차별 225

10장 불편할 용기가 필요해 231

1. 여성=출산=엄마=돌봄=모성으로 이어진 불편한 시선 233

2. 호칭으로 길들이는 가부장제 238

3. 나에게 주는 명절 휴가 242

4. 남자는 과묵해야지 248

5. 대접받는 일은 황홀해 251

6. 효도는 셀프서비스 255

나오는 말 | 다시 학교에서, 페미니즘 수업을 261

1장

왜 페미니즘 교육인가?

1.
페미니즘이 민주주의의 완성이다

2018년은 평창 동계올림픽을 시작으로 세계가 한반도를 주목한 해였다. 남북으로 갈라져 산 지 70년이 지난 후였다. 그런 남과 북이 4·27 정상회담을 하면서 평화의 물꼬를 트기 시작했다. 미국으로 특사를 파견해 북미 정상회담이 이루어졌고, 이것이 종전선언으로 이어져 한반도에서 비핵화와 더 나아가 세계평화를 이루고자 하는 노력이었다. 문재인 대통령은 이를 위해 바쁘게 움직였고, 해외 순방이나 정상회담에서도 평화와 통일의 메시지를 주었다. 그것은 대통령에 대한 지지와 응원을 보내 주는 국민의 힘이기도 했다. 문재인 대통령은 촛불혁명이 탄생시킨 민주주의의 상징이다. 한국의 정치 변동을 아는 사람들은 어김없이 "대단한 나라, 시민혁명으로 정권을 갈아 치운 나라"라고 알아주었다. 아시아, 아프리카, 라틴아메리카, 유럽 할 것 없이 다양한 사람들이 부러워했다고 한다. 촛불집회로 얻어 낸 거대한 정치 변화를 느끼며 어깨가 저절로 올라가고 우리 역사에 대한 자부심에 미소를 짓는다.

그런데 이러한 정치적 경험을 한 우리의 현재 상황은 어떠한가? '페미니즘, 페미니스트'라는 언어가 전면에 등장하고, 그것을 올바로 인식하지 못한 많은 사람들의 오해와 편견 때문에 심각한 갈등을 겪고 있다. 갈등의 단계를 넘어서 성 이분법에 의한 혐오 문화를 재생산하고 확대하는 지경에까지 이르렀다. 성숙한 민주주의는 그 구성원들에 대한 존중과 배려, 공감과 연대의 문화가 그 바탕이 된다. 우리는 1987년 민주화운동 이후 30년을 보내면서 많은 부문들이 성장했는데, 유독 여성에 대한 인식과 문화는 독재시대에 머물러 있다고 해도 지나치지 않다.

2.
그 많던 여성 동지는 어디로 갔나?

　대선주자로 인기를 얻었던 안희정의 성폭력 사건이 폭로되었을 때, 나는 '올 것이 오고야 말았다'는 생각이 들었다. 이어서 청와대 대변인으로 일하다 충남도지사에 출사표를 던진 박수현, 서울시장에 도전장을 낸 정봉주는 성 문제가 드러나 하루아침에 몰락했다. 민족시인으로 이름을 떨친 고은, 연극계의 대부 이윤택, 촌철살인 만화가 박재동은 정치와 사회문화의 변혁을 희망하는 시민들에게 추앙받으며 오아시스 같은 작품으로 화답했던 이들이다. 그들은 여성을 우습게 알고 대했던 오랜 습속을 버리지 못해 결국 성폭력범으로 지목되어 대중의 지지를 잃었다. 그 밖에도 학계, 문화계, 연극영화 등 자기 분야에서 이름을 떨치던 사람들이 추풍낙엽 떨어지듯 불명예 퇴진을 해야만 했다.

　한편 소위 386세대로 이름난 지금의 586세대(나이로는 50대, 1980년대에 대학을 다닌 사람들, 1960년대 출생)는 전두환 독재정권에 맞서 1987년 민주화운동을 이끈 세대이다. 당시 그들은 학생운동을 하며 사회변혁을 꿈꾸고 민주주의와 통일, 노동자의 더 나은 삶을 추구했다. 그 속에는 남녀 비율이 비슷했다. 그들은 감옥에 갈 위험을 감수하고 학습을 하며 독재의 청산과 민주주의를 소망했다. 그들 중 절반은 여성이었다. 청춘 남녀가 모여서 많은 시간을 함께 고민하며 공부하다 보니 더러는 연인이 되기도 하고 남다른 동지애가 생겨났다. 그럼에도 그때에는 여성 인권이나 성폭력에 대한 감수성은 성장하기 힘든 분위기였다.

이제 '진보 정객이든 보수 정객이든 가리지 않고 그의 사상이나 업적이 뛰어나다 해도 여성에 대한 태도나 행동거지가 성폭력과 같은 범죄를 저지른 사람이라면 그는 아니다'라는 생각이 확산되고 있다.

한때는 진보진영에서조차 여성들이 성폭력 문제를 거론하면 "지금 해일이 밀려오고 있는데 조개 줍고 있다"[1]라고 표현한 것에서 알 수 있듯이, 여성의 문제는 언제나 부차적인 것이었고 사소한 개인적인 것으로 몰아붙였다. 민주주의라는 대의 앞에서 말이다. 그들은 군사정권을 무너뜨려야 하고 정권을 교체해야 하고 탄핵을 해야 하고 더러는 조직을 보호해야 한다는 이유를 내세웠고, 여성문제는 언제나 후순위로 밀렸다. 사회발전과 변혁이라는 운동 과정에서 이러한 논리는 여성을 여러 가지 면에서 궁지로 내몰았고, 여러 가지 사회문제를 확산시켰다.

'존재가 의식을 규정한다'는 말은 여성문제에서는 더욱 그러하다. '여성'이라는 존재로 태어난 사람들은 사회의 여성차별에 대해 더욱 민감하다. '남성'으로 살아가는 사람들은 자신이 '여성'이 아니라는 이

---

1. 2002년 대선 기간 중 개혁당 내의 성폭력 문제를 거론하자 유시민이 한 말이다. 거대한 진보의 대의명분 앞에서 여성문제가 늘 부차적인 것으로 간주되었음을 일컫는 예로 자주 쓰인다. 페미니즘에서는 해일이 밀려와도 동료와 같이 조개를 줍고 방호벽을 세우며 다음 해일에 대비해야 한다고 주장한다.

유로, '여성'의 고통에 공감하지 못하는 것은 물론이고 여성이 남성을 지배하려 든다고 역공을 한다. 자기 존재를 기반으로 하는 논리나 철학은 쉽게 획득할 수 있다. 그러나 내가 아닌 다른 성이나 계급의 입장을 대변하는 일은 쉬운 일이 아니다. 그래서 페미니즘을 연구하고 발전시키는 사람들은 대부분 여성들이다. 여성으로서의 삶이 곧 문제의 근원이었기 때문이다. "나도 페미니스트"라고 하는 남성 정치인이 더러 있다. 사실 진보적인 정치를 표방하는 많은 남성 정치인들이 "나도 페미니스트"라고 선언하고 싶을 것이다. 절반의 유권자인 여성을 의식하기 때문인데, 말로만 하는 선언은 금방 거짓임이 드러난다. 실제 행동으로 나타나야 한다.

탄핵 이후 문재인 정권이 들어서고 정권교체를 이루었지만 적폐청산 과정에서 저항이 만만치가 않다. 그동안 온갖 기득권을 누리던 권력층이 부정한 정권에서 부정한 방법으로 누린 특권을 내려놓자니 얼마나 아쉬움이 클까? 그중에서 중요하지 않은 것이 없지만, 으뜸인 것은 성폭력 사건을 고발하고 피해자와 함께 연대하려는 미투 운동이다. 차마 말하지 못하고 가슴속에 묻어 두고 살아온 성폭력 피해를 드러내 이것을 청산하지 않고서는 더 이상의 민주주의는 없다는 것을 알았다.

우리나라의 독립운동 과정에서부터 4·19 혁명, 유신독재 반대운동, 5·18 광주민주화운동, 1987년 6월 민주화운동 그리고 민주화 이후 민주주의 운동 과정에서도 촛불을 들고 광장을 메운 사람들의 절반은 여성이었다. 그런데 혁명의 시간이 지나고 민주화가 이루어지거나 더 나은 민주주의를 위해 애쓰는 정치적, 제도적 과정에서는 여성을 만나기 어렵다. 주요 정책의 의사결정권을 가진 사람들의 성별 통계[2]를 보자. 국회의원의 여성 비율이 5.9%(16대) → 13.0%(17대) → 13.7%(18대) → 15.7%(19대) → 17.0%(20대)이다. 17개의 시·도지사인 광역단체장은 17:0, 17개 시·도교육감은 15:2, 226개의 시·군·구 기초단체장은 218:8로 나타났다. 또한 5급 이상 여성 공무원의 비율은 2001년 중앙정부 3.6%, 지방정부 5.3%에 불과했으나, 빠른 증가세를 보여 2016년에는 중앙정부 18%, 지방정부 12.6%가 되었다.

2. 중앙선거관리위원회, http://info.nec.go.kr/

3.
페미니즘 교육이 필요한 이유

이제 우리 사회는 탄핵 이후 더 나은 민주주의를 향한 행진을 계속해야 한다. 민주주의는 방심하고 손을 놓는 순간 또 저만큼 뒤로 가버리기도 하기 때문이다. 세상의 마지막 식민지 여성들이 동등한 지위를 누리는 성평등 사회가 된다면, 그것이 바로 민주주의의 완성이다. 고무적인 현상은 젊은 페미니스트가 많아졌다는 사실이다. 학교에도 은밀하면서도 구조적으로 성차별이 존재했다. 나아가 학교교육이 그동안 가부장적인 불평등문화를 재생산하는 장치였다. 제도적 민주주의에서 진화하여 일상생활에서의 민주주의를 경험하려면 모든 사람은 존엄하다는 인식이 내면화되어 자연스럽게 행동으로 나타나야 한다.

페미니즘 교육이 이루어지지 않는 학교와 교실에서 페미 교사, 페미 학생은 혐오의 대상으로 전락하고 말 것이다. 이제 학생 대상 페미니즘 교육, 교직원 대상 페미니즘 연수가 정기적으로 이루어져야 한다. 같은 의미, 다른 느낌으로 받아들이는 것 중 하나가 바로 '성평등 교육과 페미니즘 교육'이다. '성평등 교육'에는 섣불리 반발하지 않다가 '페미니즘 교육'이라고 이름 붙이는 순간, 안티페미니즘 정서가 확대되면서 여성혐오가 정점에 달한다. 이러한 현상은 페미니즘에 대한 무지에서 오는 인식의 문제라고 진단[3]되고 있다. 따라서 페미니즘 교육이 무엇보다 시급하고 중요하다.

학교에 페미니즘 교육이 필요하다는 국민청원이 20만 명이 넘어섰다. 인터넷을 통해 성차별주의자들이 무분별하게 쏟아 내는 페미니즘에 대한 혐오적 발언을 접한 사람들은 그것에 의존해 비슷한 사람이 되어 간다. 특히 청소년기에는 자신이 아는 지식이 세상의 전부라고 생각하는 오류를 범하기 쉽다. 그래서 교실이 페미니즘에 대한 독설로 오염되고 있다. 한편 페미니즘을 옹호하는 발언을 했다가는 메갈, 워마드로 낙인찍혀 집단적 공격을 받는다. 예를 들면 남녀를 불문하고 『82년생 김지영』 소설을 읽으면 '페미년이다, 메갈년이다'라고 욕을 한다. 책을 읽어 보지도 않은 사람들이 공격을 할 때는 무지가 가장 강력한 무기로 등장한다. 학생들은 자유롭게 책을 선정해서 읽기도 어려운 혐오 문화를 학교 안 교실에서 만들어 낸다. 심각한 현상이다. 학생들은 주로 인터넷을 통해 페미니즘에 접근하고 혐오 댓글을 읽으며 자라고 있다. 책을 읽거나 토론을 통해서 생각이 자라는 것이 아니라 10대가 가장 접근하기 좋은 매체는 인터넷이다.

강릉 명륜고등학교의 최승범 교사는 『저는 남자고 페미니스트입니다』라는 책에서 페미니즘 관련 수업을 한다고 공개적으로 말했다. 신문이나 언론에도 여기저기 등장하고 그와 관련한 강의도 했다. 반면에 서울의 모 혁신초등학교에 근무하던 최○○ 여교사는 "학교에 페미니즘 교육이 필요하다, 남성에게 유리하도록 기울어진 운동장이다"라는

---

3. 『한겨레 21』 1223호, 기획연재: 미투의 미래. http://h21.hani.co.kr/arti/special/special_general/45726.html?f=o

인터넷 인터뷰를 하는 순간 신상이 털리고, 아동학대로 고소를 당하고, 오만 가지 혐오 댓글에 시달려야 했다. 뿐만 아니라 신변의 위협을 느끼면서 살얼음판을 걸어야 했다. 두 사람의 교사가 같은 이야기를 했는데, 최승범 선생님은 "제가 남자 교사이기 때문인지 정말이지 아무 일도 일어나지 않았다"고 한다. 여자 교사는 온-오프라인에서 그토록 가혹한 뭇매를 맞아서 치료를 받아야 할 만큼 큰 고통에 빠졌다. 하지만 그녀는 학교에 페미니즘 교육을 공론화한 일등 공신이 되었다. 그와 같은 생각을 하는 수많은 페미니스트 교사들을 결집하게 만들었고, 페미니즘은 민주주의를 성장시키는 동력이 되었다.

'여성혐오냐? 남성혐오냐?' 하는 이분법으로 세상을 나누는 혐오 문화 확산을 끝내고, 약자의 관점에서 민주주의를 일으키는 세상을 만들기 위해 페미니즘 교육은 반드시 필요하다. 무지에서 오는 오류를 그만두어야 할 때이다. 익명의 네티즌들은 인터넷 공간에서 무서울 게 없다. 페미니즘과 페미니스트의 성장을 두려워하는 세력은 사회 곳곳에서 마녀사냥이라도 하듯 발호하고 있다. 심지어 학교와 교실에서 10대 페미니스트는 집단적인 성차별적 조롱과 언어폭력에 시달리고 있다. 인터넷 공간을 넘어서 현실에서도 페미니스트를 공격하는 사람들이 늘어나고 있다.

교사들은 누구나 알고 있을 것이다. 학생들이 발설하는 여성에 대한 성적 혐오 표현이 매우 심각한 상황임을. 여성에 대한 멸시와 비하, 얼굴과 몸매에 대한 평가, 다반사로 이루어지는 성적인 욕설, 장난처럼 행해지는 성희롱 등이 교실에서 벌어지고 있다. 학교문화가 성차별적 사회문화를 재생산하는 데 기여한다. 성별 이분법에 따라 끊임없이 "여자가 왜 그래? 여자다워야지, 남자는 능력 여자는 외모"를 주입한다. 교사는 여성의 비율이 높지만 교장은 남성의 비율이 절대적으로 높다. 여자 교사에게는 친절, 다정, 엄마와 같은 돌봄을 요구하는 한편으로 성적으로 대상화한다. 학생들은 이러한 학교문화 속에서 학교를 다닌다. 특히 남학생 중에는 엄마를 우습게 아는 아이들이 여교사에게 덤비기 시작한다. 여성을 얕잡아 보고 함부로 해도 되는 사람으로 여기는 마음이 생기기 때문이다.

4.
페미니즘이란 무엇인가?

나 개인의 문제가 곧 정치적인 문제다. 나의 문제를 곧 공동체의 문제로 인식하고, 그 문제의 해결을 지지하는 사회가 바로 민주주의 사회이다. '너만 참으면 돼, 네가 조금 희생하면 돼'라고 강요하는 사람은 그 희생 위에서 이익을 보는 자이거나 그 질서를 떠받치는 자다. 이는 특히 가부장제에서 가족이라는 이름으로 여성에게 행하는 횡포이기도 하다. 이렇듯 위험한 가족주의는 어머니의 희생, 아내의 인내를 배경으로 가정의 평화를 유지한다. 이를 보고 배운 사람은 조직사회에서도 가부장제를 확대 해석하는 경향을 나타낸다. 성추행을 하고도 뻔뻔스럽게 말한다.

"딸 같아서…."

힘센 사람 앞에서 비굴하지 않고, 힘없는 사람 앞에서 갑질을 하거나 그들의 삶을 업신여기지 않는 사회가 되어야 한다. 그동안 창과 칼을 든 힘센 사람들에 의한 사냥의 시대를 살았다면, 이제는 현경 선생님의 말처럼 다양성을 인정하는 정원을 가꾸는 문명으로 넘어가기를 바란다. 그러려면 페미니즘이 그 길을 제시할 수 있다. 페미니즘은 여성우월주의를 주장하지 않는다. 여성만을 위한 남성 배제나 혐오는 더욱 아니다. 성 이분법에서 벗어나 각 개인 안에 있는 여성성, 남성성을 모두 인정하고 조화를 이루게 하는 일이다. 젠더 평등뿐만 아니라 모든 사회적 약자의 인간다운 삶을 응원하기에 민주주의의 완성으로 가는 바로미터가 될 수 있다. 페미니즘의 스펙트럼은 다양하다. 아침부터 저녁 사이에 수많은 시간들이 흐르듯이 메갈리아 페미니즘부터 보살 페미니즘[4]까지 다양하게 전개된다. 지금은 이 모든 양상이 필요한 시점이기도 하다.

> 페미니즘의 궁극적 목표는 '여성 중심'이나 '남성혐오'가 아니다. 초기 페미니즘은 '여성 대 남성'이라는 이분법적 젠더 의식으로 출발했지만, 현대의 페미니즘은 트랜스젠더나 간성intersex의 문제는 물론 계층·장애·시민권·성적 지향·인종 등 인간을 구성하는 다양한 요소들의 교차성 문제를 진지하게 끌어안고 씨름한다. 페미니즘은 젠더를 그 출발점으로 삼고 전개되지만, 궁극적 도착점은 젠더 평등만이 아니다. 페미니즘은 계층·장애·인종·성적 지향 등 인간을 구성하는 여타의 근거도 차별의 근거가 되어서는 안 된다는 의식이자, 모든 이들에게 평등 사회를 이루기 위한 총체적 변혁운동이다. _강남순(텍사스 크리스천대학교 브라이트 신학대학원 교수)

---

4. '목요일의 페미니즘' 중에서 2018년 6.14일 현경(미국 뉴욕 유니온 신학대학교 교수) 선생님의 강의 내용 중에서 영페미들의 래디컬한 주장을 모두 건너온 60대~70대의 할머니페미니스트의 칭찬과 격려 등으로 페미니즘의 좋은 씨앗을 남성들이 키우도록 보살 같은 역할을 한다는 뜻.

페미니즘이란 "계급, 인종, 종족, 능력, 성적 지향, 지리적 위치, 국적 혹은 다른 형태의 사회적 배제와 더불어, 생물학적 성과 사회문화적 성별로 인해 발생하는 모든 형태의 차별을 없애기 위한 다양한 이론과 정치적 의제들"이라고 정의한다. _한국여성단체연합

다음 두 가지에 동의한다면 당신은 페미니즘에 접근할 수 있으며 페미니스트가 될 수 있다.[5]

첫째, 지금 우리가 사는 사회의 문화와 제도, 관습, 역할, 기대 등이 남성에게 더 유리하게 작동하는가?

둘째, 불평등한 사회문화를 개선하는 데에 동참하겠는가?

_현경(미국 뉴욕 유니언 신학대학교 교수)

페미니즘은 쉽게 이야기하는 것이 중요하다. 여성도 남성도 페미니즘이 무엇인지 모르고 겁부터 먹는다. 페미니즘이 무엇인지도 모른 채 여성혐오 문화[6]를 확산하지 않고, 페미니즘을 알고 더 나은 민주주의를 만들어 가는 시민으로 성장하기 위해, 학교교육과정에서 페미니즘 교육은 꼭 필요하다.

---

5. 현경, 위의 강의 중에서.
6. 여성에 대한 부정과 비하, 멸시 또는 반여성적인 편견으로 성차별, 여성에 대한 폭력, 남성우월주의 사상, 여성을 성적 대상화하고 김치녀, 된장녀와 같은 말로 여성을 타자화하여 부정적 이미지를 강화하는 문화.

▶ '양성평등-성평등-페미니즘'이라는 패러다임의 변화에
   대해 정리해 보자.

▶ 학교에서 페미니즘 교육이 필요한 이유를 말해 보자.

2장

나는 왜 페미니스트가 되었나?

1.
여성인 나에게 요구한 것들

나는 집안에 반갑지 않은 둘째 딸로 태어나 우리 사회가 요구하는 여성으로 길러졌다. 집에서나 밖에서나 싹싹하기가 연한 배와 같고 목소리는 나긋나긋하며, 제 주장은 언제나 뒤로 하고 남자의 기를 세워주고, 돈을 벌어도 유세를 하지 않아야 하고 잘나고 똑똑해도 절대로 나서지 말아야 하며, 남자보다는 항상 한 발 뒤에 서서 그를 받쳐 주고 빛이 나도록 보조해 주는 역할을 요구받았다.

"그가 왕이 되면 너는 자연히 왕비가 될 것이다. 그러나 네가 왕이 되면 왕의 남편은 설 자리를 잃고 방황할 것이다."

이런 이상한 나라의 논리를 들으며 자랐다.

"남자는 성질이 욱해서 맞서면 안 된다. 시간이 지나고 나서 이러저러해서 문제라고 나중에 조곤조곤 이야기할 줄 아는 현명함이 있어야 한다."

"남자 성질 돋우면 결과적으로 여자만 손해다. 여자는 곰같이 굴면 안 되고 여우처럼 꾀가 많아서 살살거리면서 네가 원하는 걸 얻어 내야 한다."

"베갯머리송사라고 남자 기분을 맞추고 똥구멍을 닦어 주면 남자는 단순하다. 여자 하기 나름이다."

"시집가면 시집의 법도를 따라야 한다. 이제 그 집안 귀신이 된다고 생각하고 살아라. 부모 욕 먹이지 말고 그저 참고 살아야 한다."

"한 집안을 일으키는 사람도 망하게 하는 사람도 여성이다. 남편과 아들과 딸에게 가장 영향력을 주는 사람이기 때문이다."

"남자는 모두 여자 하기 나름이다. 부모에게 효도하고 형제간에 의좋게 잘하는 것도 들어온 며느리 하기 나름이니 모두가 네가 어떻게 하느냐에 달렸다."

여성인 나에게 세상이 원하는 것은 많았으나, 아무도 내가 원하는 것은 무엇인지조차 물어보지 않았다. 나는 1970년대에 초등학교를 다녔다.

'새벽종이 울렸네, 새아침이 밝았네. 너도나도 일어나 새마을을 만드세. 살기 좋은 내 마을, 우리 힘으로 만드세.'

새마을운동이 한창이던 당시 어디를 가나 마을 스피커에서 힘차게 흘러나오던 노래였다. 또 가난한 농촌사회에 불어온 경제성장의 욕망은 '잘 살아 보세'라는 다음의 노랫말 속에 들어 있다. 초등학생인 우리는 학교에서도 집에서도 매일 이 노래를 부르고 들으며 보냈다.

잘 살아 보세. 잘 살아 보세. 우리도 한번 잘 살아 보세.
금수나 강산, 어여쁜 나라, 우리도 한번 잘 살아 보세.

고학년이 되자 박정희 작사·작곡의 〈나의 조국〉이라는 노래를 부르며 조국을 위해 목숨을 바치기를 바라는 유신독재가 전개되었다. 뿐만 아니라 '국민교육헌장'을 줄줄 외우고, '국기에 대한 맹세'를 하며 나라에 충성하고 부모에 효도하는 그런 사람이 되라고 세뇌되었다.

백두산의 푸른 정기 이 땅을 수호하고, 한라산의 높은 기상 이 나라 지켜 왔네. 무궁화 꽃 피고 지는 유구한 우리 역사. (중략)

강력한 남성 대통령이 이끌어 가는 독재정치마저 아름답게 구사되던 날들이었다. 학교 선생님을 비롯해 모든 어른들이 그를 추앙했다. 그러면서 여성의 목소리는 담벼락을 넘지 못하도록 통제했다. 돈 버는 일이라면 전쟁터에도 가는 말 잘 듣는 남성을 위한 나라였다. 전쟁터에서 다친 상이군경이 술에 취해 무섭게 행패를 부리면 어른들도 쩔쩔맸다. 그만큼 나라 위해 목숨을 바치고 육체를 망가뜨린 것에 대한 그의 분노를 이해하는 눈치였다. 그 와중에 신음하고 아파하는 여성은 보이지 않았다. 오직 초점은 남성에게 집중되고 남성이 살기 좋도록 봉건적인 여성을 요구했다

'암탉이 울면 집안이 망한다'는 말을 아무렇지도 않게 들으면서 농촌사회에서 산업화사회로 접어들 무렵이었다. 딸들은 살림 밑천이라는 말을 증명이라도 하듯이 공장으로 돈 벌러 가거나 부잣집에 식모살이를 하러 시골을 떠났다. 부모들은 딸들이 공부를 잘해 상급학교에 진학한다고 할까 봐 겁을 냈다. 당연히 공부하라는 독촉을 받은 바가 없이 자랐다. 그 와중에도 아들은 집안의 기둥으로 여겼고 개천에서 용이 나기를 기대했다. 그러나 저마다 타고난 기질은 제각각이다. 공부하라는 아들은 공부를 하지 않고 엇길로 나가기 시작했고, 불같이 화를 내는 아버지와 갈등이 심해졌다. 오빠의 책가방이 불구덩이 속으로 송두리째 들어가고 아버지와 오빠는 만나기만 하면 무슨 일이 일어날 것 같은 긴장감이 돌았다. 이런 폭력적인 상황은 모두 남자였던 아버지와 오빠가 만들었다. 그러한 모습을 지켜보아야 하는 할머니, 어머니, 그리고 세 자매는 벌벌 떨어야 하는 공포가 견디기 어려웠다. 이러한 집을 떠나는 길은 공부밖에 없었다. 열심히 공부해서 합법적으로 집을 떠나는 일을 꿈꾸게 되었다. 당시에는 농촌에서 대구로 고등학교 유학을 가는 일은 그 길밖에 없었다. 딸들은 우리끼리 모여서 이 집을 벗어날 수 있는 길은 공부뿐이라고 다짐하며 숨소리조차 내지 못하며 소리 없이 학교에 다녔다.

2.
아들 선호의 욕망

딸 많은 집 딸들은 더 큰 수난을 겪어야만 했다. 우리 집은 딸이 셋이었는데, 셋째 딸인 내 동생은 정월대보름날 엄동설한에 태어났다. 그런데 부처님 가운데 토막 같다던 할머니가 딸을 낳았다고 엄마의 산바라지를 해 주지 않으니 어머니는 아기를 낳은 지 이레 만에 고무장갑도 없이 그 추운 날 강가에 빨래를 하러 갔다. 그날 이후 어머니는 두 손에 피부염을 얻어 평생을 고생하셨다. 그것이 산후 조리도 못하고 살을 에는 겨울 강가에서 맨손으로 빨래를 했기 때문이라고 생각하셨다. 딸을 내리 셋을 낳고 나니 차마 할 말이 없어서 그렇게 했다고 한다. 맏이로 아들을 낳았음에도 불구하고 또 아들을 원하는 사회였다. 줄줄이 아들을 낳아야 아들을 의지하고 구박을 덜 받으며 집안에서 자신의 입지를 구축할 수 있는 상황이었다. 딸을 낳거나 아들을 못 낳는 것은 오직 여성의 문제로만 돌렸다. 그러다 보니 대를 잇는 아들을 못 낳은 며느리를 구박하는 것은 시어머니의 특권이었고, 그런 집안에서 남성들은 대놓고 바람을 피워 혼외 아들이라도 낳아 오기만 하면 본부인 호적에 올리고 키우는 일을 당연하게 여겼다.

같은 동네에 살던 외삼촌은 한 울타리 안에서 두 명의 부인이 같이 살았다. 본 부인은 딸 하나를 낳고 10년간 태기가 없자 어수룩한 둘째 부인을 얻어 아들 둘을 낳고 한집에서 평생을 살았다. 둘째 부인은 아들들의 생모였으나 평생 동안 종살이처럼 노동력을 제공했고, 그녀를 부르는 호칭은 '아지매'였다. 그녀는 사느라 몹시 힘이 들었다. 의지가지없던 그녀는 설움이 목젖까지 차오르면 우리 집으로 와서 울었다. 죽고 싶다며 서럽게 울다가 잠들었다. 아지매는 아들을 낳은 사람이었으나, 그녀의 호적등본은 언제나 동거인이었다. 그렇게 한 많은 세월을 머물다 돌아가셨다.

나에게는 당숙모가 있다. 성격이 화통하고 목소리가 걸걸하며 웃음소리가 커서 당숙모가 우리 집에 오는 명절이 좋았다. 당숙모를 닮은 6촌 언니의 이야기 재주는 간담을 서늘하게 했다. 다양한 귀신 시리즈는 모두 그 언니에게 들었다. 당숙모가 낳은 아이는 셋이었다. 6촌 언니, 나와 동갑인 태원이, 그리고 어린 여동생이 하나 있었다. 그런데 그녀의 호적에는 5명의 아이들이 더 있었다. 셋째로 호적에 올라간 딸은 시동생이 결혼하기 전에 낳은 아이였다. 그리고 아들 넷이 더 있는데 그들은 모두 혼외 생활을 하는 둘째 부인이 낳은 아들들이다. 당숙모는 아들을 못 낳은 것도 아니었다. 자기 아들 바로 밑에 시동생의 아이를 올렸는데도 당숙의 바람기는 막을 수가 없었다. 아예 경상도에서 한참 먼 의정부에서 살림을 따로 했다. 거기에서 아들 넷을 두었다. 큰아이가 초등학교에 들어갈 무렵에 호적 정리를 해야 했다. 우리 아버지가 나서서 법적 부인인 당숙모와 당숙 사이의 아이들인 것처럼 네 명의 아이들을 모두 한꺼번에 올렸다. 그리하여 당숙모는 자식이 여덟이 되었다.

어린 나도 알 수 없었던 일은 당숙모의 세상을 사는 방식이었다. 당숙은 다른 여자와 살림을 차려 아들을 넷이나 낳고 따로 살았다. 가끔 초등학교에 입학하기 전인 아들 둘을 데리고 우리 집에 오기도 했다. 그런데 그 누구도 당숙을 질책하거나 어떻게 할 거냐고 묻는 사람이 없었다. 오히려 당숙이 두 집 살림 하는 것을 당숙모 탓으로 돌렸다.

"여자가 어디 여자 같은 데가 있어야지. 인물도 없고, 목소리는 크고…"

이렇게 흉을 잡는 할머니들이 있었다. 그런데도 명절이면 시부모와 아이들을 데리고 큰집에 차례를 지내러 왔다. 한 살 터울인 엄마에게는 "형님, 형님." 하면서 살갑게 굴고 일도 시원시원하게 잘했다. 남편은 떠나고 없었지만 당숙이 맏아들이라 혼자서 시부모님을 모시고 평생을 같이 살았다. 당숙모는 아이 넷을 시부모님께 맡기고 아모레 화장품 외판 사원이 되었다. 아침에 무거운 화장품 가방을 지고 나가서 다리가 퉁퉁 붓도록 이 집 저 집 방문 판매를 하고 저녁에 돌아왔다. 그렇게 세월이 갔다. 아들(당숙)은 없었지만 시부모를 모시고 평생을 산 며느리였다. 작은할아버지, 작은할머니도 연세가 들어 쇠약해져 가던 어느 날, 당숙이 찾아와 감언이설을 했는지 두 노인이 평생 모은 집을 팔아서 아들에게 주었다. 당숙모는 졸지에 아이 넷을 데리고 길바닥에 나앉는 신세가 되었다. 노부부는 당신들의 죽을 자리를 "그래도 아들이 있는 곳에서 보낸다"고 하며 의정부로 떠났다. 당숙모는 평생을 서로 의지하고 살았는데 시부모가 그럴 줄을 미처 몰랐다고 분노를 누르지 못했다. 이제는 당숙모가 맺은 이승의 중한 인연들은 모두가 흙으로 돌아갔다. 시부모도 집까지 팔아 바친 아들 집에 갔으나 환영받지 못하고 고생하다 돌아가셨다. 평생 원망하던 당숙도 세상을 떠났다. 당숙모는 당신이 낳은 아들, 딸을 곁에 두고 여전히 큰 목소리로 전화를 받으며 살고 계신다.

66년생인 내가 태어난 당시에는 아들에 대한 욕망은 절대적이었다. 세계에서 연구 대상이 될 정도로 빠른 경제성장과 사회 변화를 경험한 우리나라가 아들을 더 좋아하는 욕망은 30년이 지난 우리 아이들 세대에도 그대로 이어졌다. 나는 조부모님까지 살아 계시는 경상도 집안의 맏며느리가 되었다. 그것이 어떤 자리인지를 감지하지 못한 채로 말이다.

나는 내리 딸 둘을 낳았다. 둘째 아이를 가진 임신 초반에 나는 이미 딸이라는 사실을 알았지만, 아무에게도 말하지 않았다. 우리에게 온 이 아이가 너무 고맙고 소중했다. 1990년대, 우리 아이들이 태어날 때에도 남아선호 욕망이 너무나 커서 태아가 딸이라는 이유로 수없이 많은 여아들이 낙태되었다. 친정 엄마도 나만 보면 "셋째는 아들을 낳아야 할 터인데…"라고 했다. 시할머니는 둘째 증손녀가 태어나자 사흘 동안 밥을 안 드셨다고 한다. 시어머니는 남의 이야기라 하면서 "누구 집 며느리는 몇 번을 유산을 시키고 이번에 아들을 낳았다"는 소식을 전하기 바빴다. 모두가 그토록 원하는 아들을 낳는다는 보장이 없었다. 셋째, 넷째를 낳더라도 나는 딸을 낳을 것 같은 예감이 들었다.

"셋째를 낳을 수는 있는데, 나는 딸이라고 낙태시키는 일은 절대 못한다. 셋째 딸도 감사하게 축복으로 여긴다면 낳겠다"고 못을 박았다. 아들을 바라던 남편은 너무 솔직한 탓인지 아무 대답이 없었다. 그럼 끝. 우리에게 두 딸을 주신 것만 해도 나는 너무 감사하고 행복하다.

3.
첫딸은 살림 밑천, 그 말을 거절합니다

우리 집보다 훨씬 살림살이가 낫다는 집에서도 부모들은 딸을 공부시키려는 의지를 보이지 않았다. 대다수 부모님은 한글 정도만 겨우 익힌 세대였으니 자녀들을 중학교 또는 고등학교까지만 졸업시켜도 할 일은 다했다고 자부했다. 그때만 해도 도시에서 생활하느냐 시골에서 성장기를 보냈느냐에 따라서 10년 내지 20년 정도의 문화적인 차이가 났다고 해도 과언이 아니다. 자원을 고르게 배분할 여력이 없는 가난한 살림살이인 경우에 딸은 언제나 뒷전으로 밀렸다. 밀리다 못해 그녀가 공장이나 남의집살이를 하며 번 눈물 젖은 돈은 가족의 이름으로 착취했다. 그것을 너무 당연하게 생각해서 남자 형제의 학비를 대거나 가족들의 생활비로 썼다.

억척같은 부모를 둔 경우에는 그 딸이 번 돈을 종잣돈으로 논밭을 사는 경우도 더러 있었다. 그런데 그 땅의 주인은 부모님이었다가 부모님이 돌아가시면 아들이 승계했을 뿐 원주인인 딸에게 돌아가는 경우는 없었다. 딸이 벌어다 준 돈은 내 돈, 내 돈은 아들 돈이었다. 가난한 집일수록 이런 의식은 더 강해서 딸들은 이중 삼중으로 고생을 했다. 심지어 가난한 집에 공부를 잘하는 딸이 있으면 어떻게 해서든 빨리 돈을 벌어 오게 하려는 게 그 당시 부모의 욕망이었다. 똑똑한 딸이 상고에 가서 은행원으로 취직하는 것이 가장 큰 소망이었다.

우리 마을에 나보다 5년 선배였던 언니가 있었는데, 그녀는 은행에 취직을 했고 그 부모님은 날마다 돈 잘 버는 딸 자랑을 해대었다. 그 언니는 주태배기였던 아버지, 남편이 본부인이 있는 안방에 다른 여자를 데리고 와서 같이 자는 꼴을 보는 등 젊은 날에 하도 험한 일을 많이 당해 정신 줄을 놓아 버린 어머니를 대신하여 동생 셋을 가르쳤다. 쓰러져 가는 오두막집에서도 탈출해 동네 가운데 번듯한 집을 지어 부모님이 살도록 해 주었다. 그러는 사이에 세월은 속절없이 흘렀다. 언니는 부모와 동생들을 인간답게 살도록 해 주느라 청춘을 다 바쳤다. 그녀가 새로 만든 가족은 없었다. 그녀는 어느덧 예순을 바라보는 할머니가 되었다. 사십 대에 정신 줄을 놓아 버린 그 어머니는 아직도 살아 계신다. 언니 덕에 대학을 다닌 동생들은 모두 결혼하여 일가를 이루었다. 그들이 가끔은 언니의 희생을 기억할까. '첫딸은 살림 밑천'이라는 그 말의 뜻을 알고 쓸 수 있을까? 첫딸의 노동력을 팔아서 부모의 무능을 덮고, 동생들 공부시키고 사는 것을 가리킨다. 첫딸의 희생을 바탕으로 안녕을 노래하는 이 말을 모든 딸들이여, 거절하자.

2018년 현재, 한국에서 여성은 가사와 생계를 동시에 책임지면서 살고 있다. 여성들은 1960년대 이전에도 삯바느질을 비롯해 남의집살이까지 안 하는 일도 못하는 일도 없이 무엇이든 해야만 했다. 바깥 양반이라 불리던 남자들은 궁하면 더 찌그러들었다. 무엇보다 허풍과 체면이 중요해서 아쉬운 소리를 못했다. 그걸 대신하여 생업 전선에서 아쉬운 사람은 늘 여성이었다. 남의 집에 가서 돈을 빌려서라도 아이를 학교에 보내려고 애쓰던 사람도 어머니였다. '첫딸은 살림 밑천'이라는 말이 바로 여기에서 비롯된다. 살림에 보탬이 되도록 알뜰히도 부려먹은 것이다. 공부는 안 시키고 남의 집 식모살이로 보내거나 공장에 돈 벌러 가는 일을 시켜 무능력한 부모를 대신했다. 심지어는 "딸 팔아서 아들 가르친다"는 말이 있을 정도였다. 남아선호 욕망이 가득한 사회에서 딸의 노동력은 오빠와 남동생 공부를 시키는 살림 밑천이 되었다. 이것은 동서양을 불문하고 마찬가지였다. 전쟁이 나면 일손이 부족하니까 일터에 동원되고, 전쟁이 끝나고 남자들이 돌아오면 가장 먼저 해고당하는 사람도 여성이었다. 우리도 IMF 구조조정 시기에 가장 먼저 여성 인력을 해고했다.

젊은 세대 여성들에게 독박육아라는 말이 있다면, 50~60세대 여성에게는 독박부양이라는 말이 가장 무섭다. 50대 이상이면 형제가 여럿 있는 경우가 대부분이다. 그런데도 여교사 중에는 친정 부모를 독박부양 해야 하는 사람이 의외로 많다. "내가 너를 가르쳐서 선생이 된 것" 또는 "네가 버니까"라는 이유다. 낳을 때는 딸이라고 서운해했고, '여자가 공부는 해서 뭘 하나? 시집가면 남의 식구 되는데' 하면서 '공부하지 말고 취직해서 돈이라도 벌어 오면 좋을 텐데' 했던 딸이었는데, 그 딸이 늙은 부모님께 마음을 쓰고 돈을 쓴다. 부모 부양을 위해 의좋게 1/N 하는 형제들도 있지만 그렇지 않은 경우도 허다하다. 아들이든 딸이든 100세 시대를 사는 부모를 독박부양 하게 하는 일은 불효자를 만드는 것이다. 힘든 일일수록 그 짐을 나누어야 형제간에도 고통을 함께하는 동지애가 생겨서 서로 고마워한다. 나에게만 모든 짐을 지우는 형제는 남보다도 못하게 되어 버린다.

4.
가부장 문화를 재생산하는 학교

학교에 가면 남자는 반장, 여자는 부반장이 당연했다. 여자는 언제나 보조적인 위치에 있었고, 당시에는 여교사도 많지 않았다. 그래도 시골에서 가장 그럴듯해 보이는 사람은 교사였다. 마을에서 만나는 사람들은 모두 술과 허풍에 찌든 남자 어른들과 가부장적 질서를 공고히 떠받쳐 주는 어머니 같은 여성들이었다. 교사들도 마찬가지였다. 그들도 가부장 질서에서 재생산 구조를 만들어 내는 어른들이었고, 학교 내 학생들의 질서도 철저히 남학생들이 존중되는 분위기를 만들었다.

"여자는 시집 잘 가는 게 제일이다. 인물 좋은 순서대로 시집간다."

"시집을 못 가고 선생이 된 사람을 봐라. 오죽 인물이 없으면 졸업을 하고 발령을 받아서 교사를 하고 있겠느냐?"

"여자는 남편 잘 만나서 잘 사는 게 가장 팔자 좋은 거다.

여자 팔자는 뒤웅박 팔자다."

이런 말을 상시적으로 들으면서 자랐다.

"여자는 공부를 잘할 필요도 없고 가방 끈 길게 배울 필
요도 없다. 여자는 그저 얼굴 반반한 게 최고다. 몸도 낭창낭
창해서 여리여리하고 너무 크지도 작지도 않은 중간 키 정도
라야 좋지."

이렇게 여성은 외모를 기준으로 가치를 평가받으며 키 순서대로 번
호를 매기고, 남녀칠세부동석을 외치며 남녀 학급을 따로 구성했다.
연애는 절대 금물이다. 순결은 여성이 최후까지 지켜야 할 보루였다.
그러다 친구라 생각하거나 아는 오빠쯤으로 여기던 사람에게 소위 데
이트 강간을 당하게 되면 모든 걸 포기하고 그와 결혼하는 것은 다반
사였다. 순결 이데올로기는 그토록 강하게 여성을 지배했다. '순결을
잃었다. 더럽혀졌다'는 표현이 말해 주듯이 평생 동안 죄의식을 갖게
만드는 것으로 여성을 옥죄었다. 그러다 보니 순결을 둘러싼 오만 가
지 소문이 무성했다. '어느 신혼부부가 결혼을 하고 신혼여행을 갔는
데, 여자가 순결하지 않아서 소박을 맞고 돌아왔다'라든가, '순결한 여
자는 유두가 핑크빛이고 음순도 핑크색이다'라는 카더라 소식이 무성
했다. '여자가 자전거를 타면 처녀막이 터져서 순결하지 않다고 오해
받을 수 있다. 자전거 타지 마라', '자나 깨나 딸 조심, 자는 딸도 다시
보자' 같은 말을 들으며 자랐다. '여자하고 유리그릇은 내돌리면 깨지

기 쉽다. 그저 집안에 가만히 있어야 한다'는 식이었다. 그러면서도 집안에만 있을 수 없는 사회적 상황이었다. 당시 술과 노름에 찌든 아버지 세대의 남자를 대신해서 어머니는 억척같이 일했고, 딸들마저 돈 벌러 도시로 보냈다. 집안을 일으켜 세울 아들을 공부시키려고 엄마와 누이는 잔업과 야근을 거듭했다.

한편 그 와중에도 청춘은 있다. 청춘남녀는 연애하기 마련이다. 순결 이데올로기에 갇혀서 연애는 곧 결혼이었다. 연애한 남자하고는 결혼해야만 하는 줄 알았다. 살얼음판을 걷듯이 연애하다 보니 강간한 남자가 남편이 되어 평생을 사는 경우도 많았다. '열 번 찍어서 안 넘어가는 나무 없다'는 식의 끝없는 대시를 남성적인 것으로 미화하고, 자신이 원하는 여성에게 구애할 것을 사회가 허락했던 것이다. '용감한 자만이 미인을 얻을 수 있다'는 말도 같은 맥락이다. 이때 용감한 자란 마음에 드는 여성을 향해 끝없이 도전하는 남성을 의미했고, 그런 남성만이 미인을 얻을 수 있다는 말로 남성 행동을 긍정적으로 이해했다. 여성이 원하지 않는 대상의 지속적인 구애나 스토킹은 폭력이다. 그럼에도 불구하고 당사자인 여성의 의사는 무시되었다.

"여자는 속으로는 좋으면서 튕기는 거야. 지성이면 감천이라고 넘어올 거야. 계속해"라고 남성을 위한 연애 상담을 해 주었다. 딸 가진 부모는 또 이렇게 말을 했다. 딸의 마음은 중요하지 않았다.

"여자는 자신이 좋아하는 사람보다 너를 더 좋아하는 사람하고 결혼해야 편하게 산다"면서 열 번, 백 번 찍는 사람을 응원하기도 했다. 스토커를 다 같이 만들어 내는 것과 같다. 즉 스토킹 범죄행위를 가능하도록 공모하는 것과 같은 상황이었다. 그러면서도 남성들의 요구는 끝이 없었다. 아내가 순결한 처녀이기를 원하면서도 한편에서는 남편을 성적으로 만족시키는 여성이 되라고 요구했다.

'아내들이여, 낮에는 현모양처가 되고 밤에는 요부가 되라'고 말이다.

나는 이렇게 여자라서 더 속속들이 불편부당한 경험을 했다. 열심히 공부해서 자립적인 인간으로 살겠다고 사대를 졸업했지만 발령이 나지 않았다. 나는 발령이 나지 않은 상태에서 결혼을 했다. 우리는 소위 캠퍼스 커플이었다. 대학 3학년이 되던 1987년 봄에 그가 군복무를 마치고 복학했다. 나는 100미터 밖에서도 그를 알아볼 정도로 빠져들었다. 6월 항쟁이 끝나갈 때까지 우리는 '군사독재 타도, 직선개헌 쟁취' 구호를 외치며 최루탄과 화염병이 난무하는 거리에서 전경과 백골단에 맞서 시위에 나섰다. 그는 거리에서 만나면 살뜰하게 챙기면서 손을 잡아 폭력적인 진압 경찰에 잡히지 않도록 도와주었다. 1987년 정치적인 격변 속에서 함께 손을 잡고 뛰어다니던 우리는 어느새 다정한 연인이 되어 있었다. 실제로 이렇게 된 것은 나의 적극적인 의사표현이 작용했다. 그때 나는 "용기 있는 자만이 미인을 얻을 수 있다"는 말을 남녀 누구에게나 적용했고, 이때 '미인'은 남녀 누구든지 좋은 사람을 두고 하는 말이라고 해석했다. 연애를 하면 결혼을 하는 걸 당연하게 생각했다. 그러나 발령도 나지 않은 상태에서 아무런 준비도 없이 결혼을 하게 될 줄은 몰랐다. 의외의 변수로 시댁에서 결혼을 서둘렀다.

"중이 제 머리 못 깎는다는 말이 있듯이 아이들이 자리 잡을 때까지 두지 말고 결혼을 시킵시다. 조부모님이 계셔서 서두르고 싶습니다"라고 제안하여, 양가 어른들이 만나서 바로 날을 잡고 결혼이 진행되었다. 당시에 나는 대학을 졸업하고 반실업 상태로 불안한 나날을 보내고 있었고, 무엇보다 남편을 사랑했기 때문에 두려움이나 망설임 없이 직진 행보를 했다. 조부모님이 모두 살아 계시고, 부모님과 6남매의 맏이라는 무거운 자리임을 실감하지 못한 채, 그저 그와 함께 더 이상 '형'이라 부르지 않고 '여보, 당신' 하면서 살아갈 수 있다는 사실이 좋았다. 그런데 결혼생활은 장밋빛 환상이 아니었다.

"발령이 나면 우리는 어느 시골 지역으로 갈지도 모르니 할머니, 할아버지 살아 계실 적에 같이 살자. 나중에 효도하려고 해도 할머니, 할아버지가 연로하시니 우리를 기다려 주지 않으실 거야"라는 말에 그러자고 했다. 시조부모님, 시부모님, 시동생, 시누이, 우리 부부 이렇게 여덟 명이 살게 되었다. 원래 그 집에는 일곱이었는데 내가 들어가서 여덟이 되었다. 나는 1990년대 초·중반에 두 딸을 낳았다. 나는 자연스럽게 페미니스트가 될 수밖에 없었다.

▶ 자신의 경험 중에서 여성이기 때문에 겪어야 했던 부당하거나 불편한 경험을 이야기해 보자.

▶ 가부장적 문화와 남아선호 욕망은 어떤 관련이 있는가? 남아선호의 욕망이 줄어들면 가부장적 문화도 사라질까?

3장

여성혐오는 어디에서 오는 걸까?

1.
전환점, 강남역 여성 살해 사건

여성혐오 문제의 시작은 2016년 5월 17일 발생한 강남역 여성 살해 사건 이후 본격적으로 확대되기 시작했다. 많은 여성들이 강남역 살인 사건을 여성혐오 범죄의 한 맥락으로 본다. 나아가 여성들 스스로가 여성혐오 범죄를 자신의 일로 받아들이게 된 계기가 되었다. 따라서 이 사건은 지금까지 역사적으로 억압받아 왔던 여성 인권 활동에 새로운 전환점이 되었다.

당시 가해자는 범행의 이유를 "평소 여성에게 무시당했다. 여자가 싫다"라고 밝혔고, 강남역 화장실에서 6명의 남자가 지나가는 것을 지켜보다가 단지 '여자라는 이유'로 그녀를 살해했다. 우리 사회에 여성혐오 문제가 본격적으로 드러난 것이다.

강남역에서는 무고하게 목숨을 잃은 20대 여성을 향한 추모 열기가 시작되었다. '살女(려)주세요, 살아男(남)았다', '여자라서 죽었다'는 말에서 느껴지듯 잠재적 범행 대상으로 지목되는 사회적 약자로서 여성들의 불안감이 일파만파로 퍼지기 시작했다. 경찰은 공식적으로 '정신질환에 의한 묻지 마 범죄'에 속하는 일로 여성혐오 범죄가 아니라고 밝히고 혐오에 의한 범죄논란을 차단하려고 했지만, 오히려 불을 붙인 격이 되었다. 강남역 살인 사건으로 인해 여성혐오 문제는 본격적으로 대두되었고, 그 논란은 사회 여러 분야에서 동시에 진행되었다. 오히려 피해 여성에게 문제가 있는 게 아니냐고 비난하는 투의 질문이나 단정적인 말이 쏟아져 나왔다.

"범죄를 당할 만한 행동을 한 거 아니냐?"

"그러게, 왜 그렇게 밤늦게 돌아다녔대?"

"짧은 옷을 입고 있었던 거 아니야?"

"위험한 곳에 간 사람이 잘못이지."

"혼자 다니지 말았어야지."

"여자는 자기가 알아서 조심해야지."

이렇듯 사회적 비난에 더 이상 참을 수 없었던 여성들이 모이기 시작했다. 그래서 이 사건은 많은 여성들의 페미니스트 선언에 중요한 모멘트가 되었다.

2018년 페미니스트 교사 캠프에 모인 80여 명의 교사들과 함께 『페미니스트 모먼트』에 대한 이야기를 나누었다. 20~30대의 젊은 여교사들이 80% 정도였는데, 그들은 강남역 여성 살해 사건을 언급했다. 영

페미니스트의 결집을 가져온 전환점이 되었다.

> "이러다가는 안 되겠다. 더 이상 두려움에 떨면서 숨죽이
> 고 있어서는 안 되겠구나. 길을 가다가 누구든지 여성이라는
> 이유만으로 죽임을 당할 수 있는 세상이다. 페미니스트로 살
> 아야겠다. 특히 페미니스트 교사로 살아야겠다."

우리나라는 공중화장실 시설은 가히 세계적이다. 쾌적하게 관리되고 화장지는 물론 비데까지 비치되어 손색이 없다. 시민이라면 누구나 자유롭게 볼일을 보는 공간이다. 그런데 강남역 화장실 앞에서 여성혐오자에 의해 우연히 그 앞을 지나가던 여성이 살해되었다. 그뿐만이 아니다. 여기저기 여성 화장실에는 몰카가 설치될 위험이 있어서 여성들은 공중화장실 가기를 두려워한다. 특히 혼자서 가는 것은 더 무섭다. 공원이나 지하철, 공공건물, 관공서 등에는 깨끗하게 관리하는 화장실이 있다. 그러나 여간 다급한 상황이 아니면 가지 않는다. 아무 두려움 없이 볼일 보는 사회가 되기를 바랄 뿐이다.

2.
인터넷 공간, 여성혐오에 대한 공방

여성혐오 논란은 처음에 인터넷 커뮤니티 '메갈리아'와 '워마드'를 중심으로 진행됐다. 이 두 커뮤니티는 '여성을 혐오하는 남성들'에 대한 반응으로서 여성혐오와 관련된 말이나 행동을 돌려서 하는 이른바 '미러링' 게시물을 올렸다. 그러자 남성들은 이들의 미러링이 일간베스트 등의 여성혐오 사이트에서 일부 남성의 잘못된 언행을 전체남성의 특성으로 확대해 갈등을 키운다고 반박하기 시작했다. 이에대해 메갈리아나 워마드 측은 잘못된 성인식이 남성 중심의 사회문화전반에 뿌리 깊게 내재돼 있고, 미러링은 이 모순을 자각시키기 위한 '교육책'이라고 주장한다. 이처럼 인터넷 커뮤니티를 중심으로 혐오 문제는 확대되기 시작했다. 이어서 정치권, 언론계로 번지고 연예인 중에서도 페미니스트로 지목되면 살아남기 어려울 지경이 되었다.

이미 여러 차례에 걸쳐 진행된 '편파수사 규탄집회'에는 갈수록 더많은 여성들이 모이고 있다. 대부분의 성폭력이나 불법촬영 및 사이버유출 등으로 피해를 보는 사람은 여성이다. 가해자는 90% 이상이 남성인데 구속된 가해자는 4%였다. 그래서 피해자인 여성도 보호받아야 할 국민이라는 목소리를 내는 집회를 한다고 하니까 '페미니스트들을 밀어 버려야 한다, 사냥을 하러 가겠다, 어떤 메갈년들이 오는지 사진 찍어서 추적하겠다'는 등의 여성혐오를 드러내는 폭력적인 표현이 난무했다. 이에 호응하는 남성들을 보면서 여성들은 공포심을 느낀다. 그래서 아예 그 집회에는 생물학적 여성만 모이도록 하고 있다. 여성들의 그러한 두려움을 외면한 채, 남성들이 둘러서서 사진을 찍거나 무차별적 공격을 할까 봐 정말로 공포심을 느끼는 것이다.

3.
정의당, 메갈당원 집단 탈당 사태

　두 번째는 정치권에서 나타났다. 진보정당으로 알려진 정의당 문화예술위원회에서 낸 논평 때문에 촉발되었다. 성우 김자연은 정의당 당원으로 네이버 게임사에서 일하고 있었는데, 메갈리아에서 제작한 티셔츠('GIRLS Do Not Need A PRINCE'라는 글씨가 쓰인 티셔츠)를 입고 찍은 사진을 트위터에 올렸다. 이에 게임 사용자들이 김자연을 메갈로 주목하면서 반발하여 성우 교체를 요구했고, 7월 19일 성우가 교체되었다.

　그 후 김자연의 메갈리아를 옹호하는 티셔츠를 입은 행동에 대해 찬반 논쟁이 일어나자, 정의당은 논평에서 "개인의 정치적 의견은 그 개인의 직업 활동을 제약하는 근거가 될 수 없으며 그것을 이유로 직업 활동에서 배제되는 것은 부당하다"고 지적했다. 이 소식을 들은 정의당 당원 580여 명이 집단 탈당하는 사태를 맞게 된다. 이를 '메갈당원 사태'라고 한다. 소위 진보정당의 당원들도 소속 정당이 페미니스트 문구가 적힌 티셔츠를 입은 당원을 인정하는 입장을 밝히자, 이를 수용하지 못하고 탈당하는 초유의 사태가 발생했다.

4.
분노한 남자들, 〈시사인〉 절독 선언

세 번째는 언론계에서도 여성혐오 문제가 논란이 되었다. 2016년 주간지 〈시사인〉은 467호에서 '분노한 남자들'이란 타이틀로 메갈리아 문제를 커버스토리로 언급했다. 일종의 메갈리아 항목에 대한 남자들의 집단 심리를 분석한 글을 비롯해, 여성문제에 관한 기사를 중점적으로 실었다. 이에 대해 시사인이 메갈 편을 든다고 주장하면서 구독을 취소하겠다고 '절독'을 선언하는 독자들이 늘었다. 온라인 커뮤니티에 한겨레, 경향, 오마이뉴스, 프레시안, 시사인 등의 언론을 메갈리아 매체라고 규정한 글이 있었는데, 467호가 나간 후에 시사인은 직격탄을 맞았다. 이에 대해 시사인 측에서는 팩트와 심층 분석에 근거한 기사라고 밝혔지만, 40~50대의 진보적인 사람이라고 자평하던 정기 구독자들은 메갈리아 여성의 편을 드는 잡지 구독을 중지하겠다는 의사를 밝혔다. 공론장에서의 비판이 아닌 정치적 압박과 경영상 잡지사가 생존의 위기를 맞이해야 할 만큼 존립 자체를 뒤흔들 정도라고 한다. 이 지경에 이른 것을 보면 페미니즘이나 여성혐오 문제에 대하여 남성들이 얼마나 민감하게 받아들이는지를 알 수 있다.

5.
연예계,
『82년생 김지영』 소설만 읽어도 메갈 낙인

네 번째로 연예계도 예외는 아니다. 레드벨벳 멤버 아이린은 레드벨벳 팬 미팅에서 "최근 읽은 책이 무엇이냐"는 질문을 받고 『82년생 김지영』을 읽었다고 답했다. 그 책을 읽었다는 이유만으로 일부 남성 팬들이 문제를 삼기 시작했다. 아이린을 비난하는 팬들은 이 책을 읽은 아이린이 페미니스트일 것이며, 공인인 아이돌 가수가 페미니스트라는 사실은 비난받아 마땅하다고 주장했다. 분노한 남성 팬들 중 일부는 자신이 가지고 있던 아이린의 사진을 지우거나 포토 카드를 불태우는 것과 같은 분노의 탈덕 후 인증샷까지 올리며 그것을 확대재생산했다.

『82년생 김지영』은 소설이다. 소설이다 보니 읽기 쉬운데다 가상의 인물 김지영 씨를 주인공으로 여성들이 일상에서 겪는 차별과 폭력에 대하여 다루고 있어서 많은 여성들이 공감을 하면서 페미니즘 책으로 알려졌다. 여성 아이돌을 둘러싼 페미니스트 논란은 아이린만의 문제가 아니다. 에이핑크의 멤버 손나은은 개인 SNS 계정에 올린 사진 한 장으로 남성 팬들에 의해서 페미니스트 공격 대상이 되었다. 당시 손나은은 "GIRLS CAN DO ANY-THING"라는 문구가 적힌 폰 케이스를 사용했는데, 이 문구가 손나은이 페미니스트라는 것을 증명하는 것이라고 논란이 일었다. 팬들의 사랑을 먹고 사는 걸그룹 멤버들은 페미니스트라고 낙인찍히면 엄청난 소용돌이 속으로 빨려 들어가는 경험을 했다. 아이린과 마찬가지로 페미니스트에 대한 공격이 손나은에게 쏟아졌고, 손나은은 결국 사진을 삭제하고 "폰 케이스는 협찬받은 것"이란 해명까지 하고 나서야 진정되는 기미를 보였다. 이 사건은 걸그룹 여자 가수들의 주 팬층을 이루는 10~20대 남성들이 가지는 페미니스트에 대한 거부감, 무조건적 두려움에 의한 혐오를 보여준다.

▶ "GIRLS Do Not Need A PRINCE, GIRLS CAN DO ANY-THING"의 의미를 해석하고, 이를 보고 공격하는 사람들의 심리를 이야기해 보자.

▶ 진보적인 정치 성향과 페미니즘의 관련성에 대해 이야기해 보자.

4장

페미니즘에 대한 편견과 오해

1.

여성은 왜
페미니즘이라는 말에 머뭇거리는가?

'페미니즘'이라는 말 자체가 공론화되고 공교육 안으로 쑥 들어온 것은 불과 1년도 되지 않았다. '페미니즘'이라는 말을 같은 뜻, 다른 말로 표현한 '성평등' 교육이 있기는 했다. 하지만 그것도 굳이 '양성평등'이라는 단어로 표현했다. 세상이 마치 남성과 여성으로만 이루어져 있는 것처럼 말이다. 공식적으로 여성가족부 산하의 '양성평등교육진흥원'이 그것이다. 그래서 언어는 진화한다. '양성평등'에서 '성평등'으로, 다시 '페미니즘'으로 말이다. 그런데 정작 '페미니즘' '페미니스트'라는 말에 두려움을 느끼고 있었다. 미투 운동이 확대되고 나서야 '페미니즘'이라는 말이 공론화되기 시작했다.

지금 내가 근무하는 중학교는 수도권의 도시에 있는 서른하나의 학급을 가진 거대 학교이다. 대학을 나오고 교사생활을 하는 여교사들에게 페미니즘에 대해 자유롭게 이야기할 수 있는 인터뷰를 해 보았다. 질문은 "페미니즘이라는 말을 들으면 어떤 생각이 드나요?" 그냥 편하게 자기 생각을 표현해 보도록 했다.

"페미니스트는 왠지 센 여자, 어디서든 아무런 눈치도 보지 않고 막 나서는 여자라는 느낌이 들어요."

"나는 평화주의자입니다. 그런데 페미니스트는 갈등을 두려워하지 않아서 평화를 깨는 사람 같아요."

"페미니스트는 일단 반감이 들어요. 무서워요."

"여자가 너무 똑똑한 척하는 게 보여요. 말로 이길 수가 없는 사람 같아요."

"페미니스트라고 자부하는 사람을 난 만나지 못했어요. 그렇지만 페미니스트가 되면 기존의 가부장적 질서를 도저히 이해하지 못할 거예요."

"페미니스트 치고 이혼 안 하고 사는 사람이 있을까요? 너무 아는 게 문제지. 그냥 모르고 사는 게 약이라…."

"우리 남편은 무지막지한 가부장적 사고에 갇힌 사람입니다. 그래서 우리 아들, 딸에게도 절대 복종을 원하죠. 아내인 나에게도 당연한 거고요. 그런데 나는 가정을 깰 수가 없어서 그 남자 비위를 맞추어야만 해요. 딸이 아빠의 그런 사고와 행동양식을 너무 싫어하니까 내가 중간에서 중재할 수밖에 없어요. 사람은 변하기 어려운 존재라서 남편은 절대 변하지 않을 거니까 내가 죽이는 수밖에 달리 도리가 없더군요. 내가 만약 페미니즘 공부를 한다면 우리는 함께 살 수가 없지 않을까요? 내 속에 있는 봉건적 여성이 아직 더 강하게 자리를 잡고 있는 거니까….”

“페미니즘 알고 싶고 공부하고 싶은데…. 왠지 무서워요. 페미니즘을 공부하면 왠지 정상적이고 일반적인 삶을 살 수가 없을 것 같아요.”

“양성평등 교육이라고 하면 당연히 해야 할 교육이지만 페미니즘 교육이라고 하면 이건 아니다 싶은 생각이 들어요. 사실 페미니즘 교육은 급진적이거나 지나치게 진보적이지 않을까? 하는 생각이 들어요.”

“사실 페미니즘이 무엇인지 나도 잘 모르니까 일단 거부감이 들지요. 배워야 무어라 이야기할 수 있는데, 일단 배움에 접근도 안 하고 하는 말은 느낌이라고 할 수 있는데 그 느낌이 친밀하거나 긍정적이지 않은 건 사실입니다. 뭔가 불편해요. 여성인 나도 불편한데 남성은 오죽하겠어요? 남자들은 페미니즘이라고 하면 아마도 십 리 밖으로 도망가고 싶을 겁니다.”

“난 돌싱입니다. 그러면 페미니즘 공부를 확실히 해서 나의 이혼 사유를 정당화시켜야 하는 게 맞잖아요? 내 잘못이 아니라고 말이죠. 그런데 페미니즘 공부보다 더 재미있는 일이 많아서 그런지 페미니즘에 접근하고 싶지는 않더라고요. 아직도 남자에게 희망을 가지고 있기 때문인지… 페미니스트가 되면 전사가 되는 길밖에 없는 것 같아서…. 난 더 이상 투쟁하고 싶지 않아요. 투쟁할 남자도 없고… 내 인생에서 다시 남자가 생긴다면 정말 사이좋게 사랑하고 살고 싶거든요."

"구체적으로 무엇이라고 꼬집어서 말할 수는 없지만 페미니즘이 우리 사회를 많이 발전시킨 건 사실이라고 생각해요. 그런데 내 딸이 페미니즘 공부를 하거나 페미니스트 선언을 한다면 걱정이 될 것 같아요. 왜냐하면 페미니즘 시선으로 우리 사회를 보면 마음에 들지 않는 게 너무 많아서 편하게 살 수가 없을 것 같아요. 딸이 평범하게 살기를 바라는 엄마 마음이지요."

위에서 대답하는 것과 같이, 지식인 계급으로 자신의 경제활동을 통해 생활하고 있는 여교사의 경우에도 '페미니즘'에 대해서는 접근하지 못한 경우가 대부분이었다. 그들은 비교적 성차별을 덜 받는 그룹이다. 가족을 위해 살림 밑천으로 노동력을 제공하지 않고 적어도 대학까지 나온 사람들이다. 그래서 어쩌면 경험적으로 성차별을 덜 느낄 수도 있는 사람들이다. 오히려 여교사라는 지적, 직업적 자원이 우리 사회에서 신붓감 1위라는 사실 때문에 자존감이 높고 변화보다는 안정적인 삶을 추구하는 집단이기 때문일지도 모르는 일이다. 왜냐면 존재가 의식을 규정하는 것은 만고불변의 진리이니까.

그런데 여교사들의 답변을 보면 몇 가지 공통점이 있다. 일단 모른다는 점이다. 페미니즘이 무엇인지 알려고 하지도 않고, 겁부터 먹고 있거나 불편을 감수하는 주체가 될 것을 두려워한다. 갈등을 표면화시키지 않고 덮어 둔 채 지내도 불이익이 생기지 않으면 문제로 삼지 않는다. 그러면서 페미니즘의 시각에서 문제를 제기하는 사람을 오히려 불편해하면서 거리를 두려 한다. 페미니즘이 우리 사회를 발전시킨 건 인정하지만 나와 내 가족은 무임승차하고 싶어 한다. 페미니즘이라는 말에 대하여 부정적 내지는 거부감, 불편한 느낌을 가지고 있다. 페미니스트는 싸움꾼이라고 생각한다. 불화하는 사람, 따지는 사람, 그래서 결국은 이겨 먹는 사람이라는 이미지를 가지고 있었다.

한편 열여섯 살의 중학교 3학년 교실에서 '페미니즘과 페미니스트'라는 말에 대해 들어 보았다.

"센 언니들, 사이다 같은 말을 하는 언니들이죠. 우리는 잘 모르는 그런 것을 콕 집어서 말해 주잖아요. 난 멋지다고 생각해요."

"만약 내가 페미니스트가 된다면 난 결혼하지 못할 것 같아요. 결혼해서 난 행복하게 살고 싶은데 페미니스트와 결혼하고 싶은 남자는 없을 것 같아서 걱정이에요."

"선생님, 여학생들만 있으면 말하기 좋은데 남학생들과 같이 있는 교실에서 말하기는 좀 어려워요. 왜냐하면 남학생들은 무조건 '메갈이다'라고 매도를 해요. 페미니즘이나 페미니스트에 대해서 전혀 알려고도 하지 않고 공격하니까 그야말로 논쟁이 아니라 싸움이 되고 말아요. 그리고 SNS를 통해서 찧고 까불고 난리를 피우니까 대화 자체가 안 돼요."

"선생님, 연애할 때나 결혼할 때 반드시 상대방에게 페미니즘에 대해, 그리고 '나는 페미니스트다'라고 선언한 뒤에 그 사람도 이걸 동의하고 존중해야만 같이 갈 수 있을 것 같아요. 그렇지 않으면 만나지 않을 거예요."

"남자도 페미니즘에 동의하고 같이 공부하는 남자라야 만나죠. 꼰대스타일 노땡큐."

A의 이 말에 여학생 다수가 동의를 표했다. 남학생 몇몇은 또 왈가왈부하기 시작했다. 이 문제는 세상이 끝날 때까지 끝날 것 같지 않다.

2.
남성들은 왜 페미니스트를 두려워하는가?

교사집단은 남성이 적다. 그래서 30년 전과 반대로 남교사모임을 할 정도이다. 여교사협의회는 여교사들이 겪는 여러 가지 불편부당한 일을 해결하기 위한 창구로 이용했다. 그러나 지금 남교사모임은 수적으로 적다는 이유로 단합과 친목의 구실을 한다. 수가 적으나 남성이라는 이유로 불이익을 받는 일은 없으니 말이다.

학교에서 성실하게 열심히 맡은 일을 잘하는 남자 교사들의 페미니즘에 대한 반응이다. 페미니즘 또는 페미니스트라는 말만 들어도 두어 마디 진행이 어렵다. 단순 질문으로만 그쳐야 할 정도이다.

"양성평등이라는 말이 맞지. 성평등이라는 말은 불편해요.
그러면 동성애자를 인정하는 건데 그것은 말이 안 되지요.
하느님의 섭리를 거역하는 행위야."

"페미니즘, 페미니스트라고 하면 겁나지요. 뭔지 모르지만
겁부터 나고 가까이하고 싶지 않아요."

"미투 고발하는 여자한테도 문제가 있는 거 아닌가요?"

"페미니스트는 너무 피곤해요. 남자를 우습게 아는 전투적인 여자."

"페미니즘 때문에 이렇게 시끄러운 거 아닌가? 여자는 모름지기 여자다워야…."

"혜화역 집회에서 과격한 문구를 보면 욕먹어도 할 말이 없을걸요."

"꼭 그렇게 과격하게 해야 되나?"

"그런데 여자들은 다 페미니즘 편을 드는 기분이 드는데, 뭘 알고 그러시나?"

대부분 이렇다. 심지어 평소에 가사노동도 많이 하고 세 여자(부인과 두 딸)를 떠받들고 산다고 자부하는 한○○ 부장의 답변마저 심드렁했다.

"페미니스트 좋지요. 그런데 아내나 딸이 페미니스트가 되는 건 원하지 않아요. 제가 너무 피곤할 것 같아서…."

내가 만난 40~50대 남자 교사들의 답변이다. 마찬가지다. 세상 모든 여자들이 페미니스트가 되더라도 본인의 아내나 딸은 가부장 사회에서 말 잘 듣는 여성으로 남아서 남성들이 주는 시혜를 입기를 바란다. 무조건적 거부감이다. 남성들은 본능적으로 페미니즘이 당연히 누렸던 자신들의 권력을 위협한다는 것을 알기 때문이다.

미디어 덕분에 학생들은 나름대로 자기 생각을 만들어 간다. 그중에서 '성평등' 말만 나와도 격하게 반응하는 K를 만났다. K는 중학교 3학년이다. 그는 2016년 겨울, 촛불집회에서 발언 신청을 하여 다수 대중이 모인 집회에서 발언할 정도로 나름의 논리와 생각을 지닌 매우 정치적인 청소년으로 스스로를 규정한다. 그런데 3월 8일 세계 여성의 날을 기념하여 성평등 세상을 이루기 위한 여성들의 투쟁의 역사와 현재의 지점 등을 이야기할 때에는 불편한 심기를 드러냈다. 그러다가 미투 운동이 한참 전개되던 어느 날, K는 수업 시간에 격분하고 말았다. 미투 운동을 하는 피해 여성과 그녀들을 지지하는 대부분의 여성들을 가리켜 '무개념녀'로 단정 지었다.

교실에서 심심찮게 이러한 문제로 여성혐오적 발언, 성적 수치심을 유발하는 발언을 하다 보니 다수의 여학생들이 K의 발언을 문제 삼았다. K가 일상에서 성희롱적 발언, 성적 수치심을 가져오는 여성혐오적 발언이 심하여 제재해야 한다는 목소리였다. K와 얽힌 에피소드는 선생님들마다 가지고 있을 정도로 그는 적극적으로 자기 생각을 주장한다. K는 사회 시간에 인권에 대한 수업을 진행하는 날, 인권에 대한 자기 생각이 드러나는 짧은 글쓰기를 하여 칠판에 붙였다. 그런데 여학생들 몇 명이 문제점을 지적했다.

"선생님, K가 쓴 내용 좀 보세요. 진짜 K 때문에 괴로워
요. 이건 성폭력인 것 같아요."

K가 표현한 글은 반으로 자른 사과를 보고 '여성의 둔부, 엉덩이
같다. 그 안의 사과 씨는 남성의 정자를 의미한다. 여성의 엉덩이는 남
자 씨를 가질 때에 아름답다'라는 글을 전면에 써 놓았다. 그다음부터
는 일종의 가상 인물이 두 명 출연하는 인터뷰 형식을 띠었는데, 평소
에 했던 생각을 담은 주장은 다음과 같았다.

"성폭력은 남성도 당한다. 왜 여성만 피해자 코스프레를
하냐? 연애할 때는 서로 좋아서 관계를 가지고는 헤어지고
나면 남자를 성폭력범으로 고소한다. 이제 남자는 무서워서
연애도 못한다. 오히려 남성이 역차별을 당하는 사회다. 남
자가 군대 가서 개고생하는 2년 동안 여자들은 공부해서 스
펙을 쌓고 남자의 일자리를 그들이 차지한다. 국가에 복무
한 2년은 어떻게 보상받느냐? 군가산점을 없앤 것은 여자들
극성 때문이다. 여자들은 취집(시집가는 게 곧 평생 취직)이나
가라. 능력도 없는 김치녀가 명품은 좋아하고 남자한테 명품
백 사 달라고 조른다. 데이트 비용은 남자가 내라고 하면서
무슨 남녀평등이냐?"

이 문제는 수업 중에 일어났기 때문에 공개적으로 이야기를 해야
했다. K의 글에 대하여 공개적으로 논하자고 이야기를 시작했다. 이런

경우에는 구체적인 자료와 근거를 제시하는 것이 설득하기에 좋다.

첫째, '남성도 성폭력의 피해자가 될 수 있다'는 주장이다. 그렇다. 그런데 남성에게 성폭력을 가하는 사람의 성별의 85.4%가 남성이라는 사실[1]을 모르고 있었다. 즉 대다수는 남성이 여성에게 가해지는 성폭력이지만 남성이 남성에게 가해지는 성폭력이 그다음으로 약한 남성을 여성화하여 성추행하거나 성희롱하는 경우가 많았다. 또한 남성이 경험한 성폭력은 주로 직장상사가 피해자 남성을 성적 대상으로 삼는 음담패설, 음란물을 보여 주는 행위 등 언어적·시각적 성희롱 피해 빈도가 높았다. 이 외에 음란한 내용의 문자나 전화, 부부·연인관계에 대한 성적 질문 등이 뒤를 이었다. 따라서 여성들이 목숨을 뺏길 수도 있는 위험 상황이나 일상에서의 성폭력 피해를 남성의 피해와 같은 위치로 등치화할 수는 없다.

둘째, '2년간의 군복무를 한 남성은 손해다. 그동안 스펙을 쌓은 여성들이 좋은 일자리를 다 차지한다. 그래서 남성이 오히려 역차별 당하는 사회다'라는 것이 그의 주장이다. 구체적인 남녀 임금 차이(100:64)[2], 취업률, 승진, 경력단절(비정규직 비율에서 여성의 비중) 등의 여러 가지 자료[3]를 제시했다. 그럼에도 불구하고 K는 자기 생각을 굽히지 않았고, 소위 남자가 더 억울하다고 목소리를 높였다. 자신은 『이갈리아의 딸들』, 『82년생 김지영』을 모두 읽은 사람이지만, 오히려 '남자가 피해자다'라는 생각을 더 굳히게 되었다고 항변했다.

---

1. http://www.ajunews.com/view/20180313110609829, 2018.03.13
2. 2016년 OECD 국가 남녀 임금 격차 비교.
3. 윤보라 외, 『그럼에도 페미니즘』, 동녘, 2017, 37~38쪽.

셋째, '연애할 때는 서로 좋아서 관계를 가지고는 헤어지고 나면 남자를 성폭력범으로 고소한다'는 주장이다. 즉 엄격히 말해서 데이트 강간이란 성립할 수 없다는 논리를 펼치고 있다. 여성들의 성폭력 피해 사례를 밝히는 미투 운동으로 남성 전체가 잠재적 가해자로 전락하고 있다고 말한다. 그러나 미투 운동에서 드러났듯이 '여성은 강간을 당했는데, 남성은 합의에 의한 관계'라고 생각하는 인식의 차이를 볼 수 있다. K의 주장에는 여성이 존중받는 건지, 폭력을 당하는 건지를 구분하지 못하는 사람이라는 전제가 있다. 그래서 데이트 폭력에 대하여 자세히 이야기하는 시간을 가졌다. 성폭력을 하고도 범죄인지조차 모르는 사람들이 있다. 잠재적 가해자로 보는 걸 두려워하지 않으려면 상대방의 말을 그대로 받아들여야 한다. '좋다'라고 하지 않으면 더 이상의 행동은 중지해야 한다. 적극적 저항이 아니면 동의한 걸로 간주하던 남성 중심 강간의 시대는 끝내야 한다.

넷째, '취집이나 가라'는 것이 K의 주장이다.

"여기 남학생들 중에서 나중에 결혼하려는 생각을 가진 사람 있으면 손들어 보세요."

"결혼하고 나서 아내가 수입이 있는 활동을 하지 않고 외벌이로 살겠다는 생각을 하나요?"

혼자 벌어서 아내와 아이를 부양할 수 있는 사회가 아님을 이미 중3인 남학생들은 모두 알고 있었다. K의 경우에도 아내가 노동현장에

나가기를 바랐다. 왜 나만 일해서 먹여 살려야 되느냐? 억울하다는 거다. 이렇게 가족 부양을 할 수 있을 만큼의 수입을 한 사람이 벌어 오는 일은 거의 없다. 또 혼자 벌어서 부양할 마음도 없다. 왜냐면 궁핍해지니까. 쓰고 싶은 대로 돈을 쓰지 못하고 살아야 하니까 그것을 평생 감수하려는 남성이 대다수여야만 '여성의 취업은 곧 시집이다'라는 말이 성립될 수 있다.

맞선 자리나 결혼정보업체에서 가장 중요하게 생각하는 부분이 '직업이 무엇인지, 연봉은 얼마인지'라고 한다. 이것은 남성과 여성 모두에게 동일한 기준이다. 그러고서도 여성을 향하여 '취집이나 해라'라고 주장하는 것은 설득력이 없다. 더욱이 그것을 주장하는 본인마저 '외벌이 부양은 억울해서 못한다'는 고백은 취집이 억지주장이라는 자기모순을 입증한다. 취직 대신 시집을 가서 산다는 건 남편이 외벌이를 해도 안정적인 경제라는 것이므로 부러움을 사는 동시에 그러한 여자를 무시하는 말로 '취집'이라는 말이 사용된다. 부러움과 무시의 이중 잣대를 동시에 가지고 사용되는 말이 '취집'이다. 이 말은 여성들은 선호하지 않으며, 더러 세상 물정 모르는 남성들이 여성을 비하하거나 후려치기 위하여 취업하기 힘든 세상에 '여자들이여, 취집이나 하세요'라고 한다. 그러나 이 말을 하는 남성도 '내가 왜 너를 평생 벌어서 먹여 살려야 해?'라고 하면서 말이다.

3.
10대 여성의 페미니스트 성장기

사람의 생각이란 바꾸기 어렵다. 그런데 우리가 교육을 하고 공부를 한다는 의미는 기존에 알던 사고방식을 바꾼다는 유연성과 개방성을 지닌다는 것을 말한다. 공부란 기존의 사고 체계를 되짚어 보고 유연하게 수정할 수 있어야 하는데, 참 어렵다는 생각이 들었다. 성폭력 가해자는 92%가 남성이고 피해자는 대부분 여성이 90%이다. 수업을 하고 미투 운동에 대한 계기교육 이후에 3학년 중에서 별로 말이 없던 여학생 J가 어느 날 나를 찾아왔다.

"선생님, 사회 샘들은 모두 페미니스트인가요? 전공하고 관련이 있나요?"라고 조용히 물었다.

"왜 그렇게 생각하지? 무슨 일이 있었니?"라고 되물었다.

"그냥 문득 그런 생각이 들었어요. 지난번 미투 계기교육도 그렇고 3·8 세계 여성의 날 수업도 그렇고…"

"그래? 너는 그 수업이 어땠니? 네 마음에 들었어?"

"한 번도 수업 시간에 공개적으로 그런 이야기를 한 적이 없었는데, 사실 교실에서도 우리끼리 막 자기 입장을 이야기하면서 남녀문제로 싸우기도 하는데…. 우리가 아직 잘 몰라서 좀 그랬는데… 수업 시간에 하니까 서로 토론 예의를 지키면서 이야기를 나누어서 정말 좋았어요."

이렇게 말했다. J는 공개적으로 예의를 갖추어서 자기 생각을 말할 수 있고 다른 사람의 다른 이야기를 경청할 수 있는 자리가 마련되기를 바랐다. 왜냐하면 아이들이 접하는 곳이란 인터넷이 가장 많았는데, 인터넷 세상이란 익명성에 근거하기 때문에 점차 말이 세게 나오고 비난도 더 강도를 높이고 그에 화가 난 다른 입장을 지닌 사람들은 떼로 몰려와서 비난을 하는 악순환의 장이기 때문이다.

10대 청소년들의 주된 관심사 중에서 최근의 일은 몰카를 유포한 일이다. 그것이 세간의 화제가 된 이유는 여성이 홍대 남성 모델을 몰래 촬영하여 유포했기 때문이다. 대부분 몰카 촬영과 유포의 피해자는 여성이었다. 그런데 홍대 남성 모델 몰카 건은 여성이 가해자이고 남성이 피해자이다. 이 사건을 다루는 언론, 경찰, 검찰, 법원의 모습을 보고 여성들이 분노를 표출하게 되어 혜화역 집회가 계속되고 있다. 이 홍대 남성 누드모델 사진 유출 사건⁴은 법원의 신속한 처리로 이를 유출한 여성은 바로 구속되었다. 이 사건을 바라보는 여성들은 가해자와 피해자가 여성이냐 남성이냐에 따라서 수사가 다르게 진행되고 있다는 생각이 들었다. 즉 성차별적 경찰 수사를 말한다.

이와 비슷한 시기에 피팅 모델 양○원과 그녀의 지인 이○윤이 자신은 불법 사진촬영과 관련된 성범죄 피해자라며 페이스북과 유튜브

---

4. 홍대 누드 크로키 남성 모델 사진 유출(성폭력범죄특례법상 카메라 등 이용 촬영)은 2018년 5월 1일부터 워마드 게시판의 게시물에서 시작되었으며, 홍익대에서 5월 4일 경찰에 수사를 의뢰했다. 경찰은 5월 12일 피의자 여성을 구속했다.

에 글과 영상을 게시했다. 양○원은 남성 20여 명에게 강요에 의한 선정적인 사진 촬영 및 계약상 업로드 불가했던 사진 유출 및 성희롱과 성추행을 당했다고 페이스북과 유튜브에 피해 사실을 고발했다. 인터넷에 유포된 자신의 사진과 성추행(남성 20여 명에 의해 강제로 사진을 찍히고 성추행을 당함)을 고발했음에도 불구하고 미온적 수사에 그치고 영장이 기각된 사건[5]을 예로 들고 있다. 법은 남성 성 범죄자에게 관대하고 여성에게는 즉각 구속수사라는 식의 엄격한 잣대를 들이대고 있다고 주장하고 있다. 이미 4차[6]에 걸쳐서 경찰의 편파적인 수사에 항의하는 여성들의 시위가 이어지고 있다.

이번 홍대 남성 누드모델 몰카 유포 사건에서 경찰이 속전속결로 여성 용의자를 구속한 것과는 대조적으로 지금까지 피해자가 여성인 불법촬영 사건에서 경찰 수사는 미온적이었다는 비판 여론이 힘을 얻고 있다. 이에 분노한 여성들은 몰카 공포에 시달리던 사람은 대부분 여성이었음을 선언하면서 '불법촬영 성 편파수사 규탄시위'를 조직하게 되었다. 여기에 참가하는 수만의 여성들은 적극적인 공감으로 토요일에 주말 하루를 반납하면서까지 같이 행진하기에 이르렀다. 횟수를 거듭할수록 더 많은 여성들이 집회에 참여했는데, 불바다 같은 살인적 더위를 뚫고 4차 광화문집회에는 7만여 명이 모였다. 이들은 대개 젊은 여성들이다. 10~20대 여성들은 집 밖에서는 화장실 가는 것조차 두려워서 참는 것이 일상이 되었다. 몰카(몰래 카메라)와 도촬(도둑 촬

---

5. 2018년 5월 19일 혜화역에서 '불법촬영 성 편파수사 규탄대회'에 앞서 이 사건은 조직적인 성폭력 사건이라는 고발이 있었음에도 불구하고 영장이 기각되었다.
6. 1차 2018년 5월 19일, 2차 2018년 6월 9일, 3차 2018년 7월 7일, 4차 2018년 8월 4일 일명 혜화역 시위.

영)의 우려 때문이다. 어디에서나 안심하고 화장실에 갈 수 있는 살기 좋은 사회를 원하는 거다. 공원이나 지하철역 등에 깨끗한 화장실이 있다 해도 몰카와 도촬의 걱정에 사로잡혀 갈 수가 없으니 그림의 떡이다.

더불어 민주당 진선미 의원이 경찰청으로부터 제출받은 자료에 따르면 최근 5년 동안 불법적인 촬영으로 검거된 인원 중에서 남성은 1만 5,662명으로 98%, 여성은 359명으로 2%였다. 같은 기간 불법촬영 범죄 피해자 2만 6,654명 중 여성은 2만 2,402명으로 84%, 남성은 600명으로 2.3%였다.

> "우리(여성)는 항상 몰카 범죄에 노출됐고, 신고를 하더라도 솜방망이 처벌을 하는 것은 물론 수사도 제대로 이뤄지지 않는다. 반면 이번 사건처럼 피해 대상이 남자가 되면 수사가 적극적으로 진행된다. 이는 매우 부당한 일이고 더 나아가 여자들을 곤경에 빠뜨리는 일이다. 수많은 남성 가해자들이 제대로 처벌을 받아서 다시는 여성을 대상으로 몰카를 찍고 이를 유포하는 행위를 하지 못하도록 해야 한다."

여성들은 이렇게 목소리를 높였다. 혜화역 집회 참가자들은 편파수사에 분노한다는 의미에서 붉은색 옷을 입거나 물건을 들었다. 이들은 "남자만 국민이냐 여자도 국민이다", "동일범죄 저질러도 남자만 무죄판결", "워마드는 압수수색, 소라넷은 17년 방관", "여성에게 국가는 없다" 등의 구호를 외쳤다. 혜화역 시위는 생물학적 여성에게만 참여하도록 독려하고 있다.

이 사건을 보면 우리 사회가 얼마나 남성 중심으로 돌아가고 있는지 한눈에 알 수 있다. 몰카 촬영으로 피해를 보는 여성일 경우, 그 가해를 한 남성은 구속수사를 하지 않았고, 발 빠르게 2차 가해를 중단하기 위한 조치도 취하지 않았다. 그런데 가해자가 여성으로 드러나자 메이저 언론들은 연일 남성 누드모델의 성적 수치심을 이야기하며 여성 가해자를 비난했다. 그러나 여성이 범죄의 피해자가 되었을 때도 같은 양태를 보였는가를 묻고 있다. 똑같은 국민인데 왜 남성의 피해는 크게 보이고 여성의 피해는 보이지 않는가를 되묻는다. 경찰, 특히 언론의 행보가 이 사회의 여론을 만들어 가며 주도하는데 피해자가 여성인 경우에도 이렇게 했느냐고 청와대 국민청원을 시작한 네티즌들은 말한다. 왜냐하면 여성도 대한민국의 국민으로서 범죄로부터 안전할 권리가 있는 동등한 시민이기 때문이다. 성범죄자는 남성이 절대다수임에도 불구하고 피해자가 될 수 있는 여성의 공포에 대하여 소극적이다. 여성에게 향한 '밤길 다니지 마라, 짧은 치마 입지 마라, 공중 화장실 이용하지 마라'가 아니라 언제 어디를 혼자 다니더라도, 내가 원하는 어떤 옷을 입더라도, 공중 화장실을 아무 걱정 없이 사용할 수 있는 편안하고 안전한 사회를 만들자는 것이다.

경찰청 통계자료에 의하면 성범죄의 92%가 남 → 여로 행해지며, 이어서 두 번째로 많이 발생하는 경우가 남 → 남으로 나타났다. 남 → 남의 경우 같은 남성에 의해 약한 남성을 여성화하기 시작하여 괴롭힌다. 학교에서 약한 남학생에게 행해지는 가장 모욕적인 욕은 남학생이 남학생에게 "… 같은 년"이라고 말하는 거다. 여성을 차별하거니와 남성에게 성차별적 욕을 함으로써 더 극적인 여성혐오를 나타내고 있다.

성범죄 피해자의 대부분은 여성이다. 가해자는 남성이다. 그러니 여성은 어린이부터 나이를 먹은 사람까지 성범죄나 여성혐오에 의한 폭력으로부터 자유로울 수가 없다. 무서워서 밤길을 다니기 어렵고 낯선 남자 사람이 잘못을 저질러도 무엇이라 말을 할 수가 없는 지경에 이르렀다. 폭력을 휘두르거나 해코지를 당할까 봐서이다. 이런 무시무시한 사회에서 우리의 어머니와 아내가 돈 벌러 가고 딸은 학교를 가거나 회사에 다닌다. 이는 남의 일이 아니다. 내 가족도 언제든지 당할 수 있는 위험한 사회이다.

이처럼 상황이 점차 여성혐오로 이어지는 것을 막아야 한다는 목소리에 힘이 실리고 있다. 더 이상 피할 수만은 없다고 여성들이 거리로 나왔다. 여성혐오 문제를 얼굴 없는 인터넷상에서만 머물 게 아니라 공론의 장으로 끌어내었다. 여성이 연애하기도 결혼하기도 어렵다는 것은 무성적 존재라서가 아니라 정말 개념 없는 남자를 만날까 봐 두려워서라고 말한다.

그런데 여성이 이기적이라서 결혼도 안 한다, 출산도 안 한다고 몰아붙인다. 결혼하여 아기를 낳고 기르면서 행복하게 살고 싶은 마음은 남성이나 여성이나 마찬가지다. 그러나 남성보다 여성이 결혼함으로써 버려야 할 것들, 포기해야 할 것들이 많은 세상을 살다 보니 결혼이나 출산을 미루게 된 것이다. 이러한 사실을 보면서 10대 페미니스트로 성장하는 친구들은 두려워한다. 우리 사회에서 여성을 둘러

싸고 무서운 일들이 하루가 멀다 하고 일어나기 때문이다. 2016년 강남역에서 여성을 혐오하는 남성에 의해 죽임을 당한 여성 살해 사건은 이러한 두려움에 기름을 부은 것과 같았다.

4.

데이트 폭력

많은 사람들은 데이트 욕구를 가진다. 서로 좋아하는 사람끼리 데이트를 하며 즐거운 시간을 갖고자 하는 것은 당연하다. 그런데 데이트 폭력이 비일비재하게 일어나면서 10대 학생들이 생각하는 데이트 폭력에 대한 남녀 학생들의 온도 차이가 크다는 것을 알았다. 데이트 폭력에 대하여 반드시 알아야 건강한 남녀 교제를 할 수 있을 것이다.

미투 운동 이후 최근 데이트 폭력이 사회적 이슈가 되고 있다. 법적인 "데이트 폭력dating violence'을 정의하면 '서로 교제하는 연인 사이에서 둘 중 한 명 이상에 의해 발생하는 신체적·정서적·성적·경제적 폭력의 위협 또는 실행"을 의미하며, 연인관계에 있는 당사자들 중 한쪽이 폭력을 이용해 다른 한쪽에 대한 권력적 통제 우위를 유지하는 것도 포함된다.

데이트 강간이란 데이트 관계에 있는 두 사람 사이에서 폭행 또는 협박 등에 의해 피해자에게 원치 않는 성행위를 강요하는 것을 말한다. 엄연한 성폭력이지만 둘은 서로 사귀고 있는 상태에서 이루어지는 행위이기 때문에 가해자와 피해자 모두 이것을 성폭력으로 인식하지 못하는 경우가 많다. 단지 도덕적으로 잘못을 했거나 실수한 것이라고 치부하는 경향이 많다. 그만큼 친밀한 관계에서 일어나는 일이 데이트 폭력이다. 서로 좋아하는 연인 사이지만 서로가 합의하여 관계를 가지는 게 아니라 일방적인 강압에 못 이겨 이루어진 성관계는 데이트 강간으로 규정하고 있다.

이에 남성들은 "모든 남성을 잠재적 성폭력범으로 만드는 것이다. 억울한 사람이 생기면 어떻게 책임질 거냐? 연애도 무서워서 못한다. 연애할 땐 서로 좋아서 하고는 헤어지면 성폭력으로 고소하면 남자 인생 망치는 거 아니냐?"고 항변한다. 여성들은 바보가 아니다. 연애하면서 서로 좋아서 한 섹스와 성폭행당한 것을 구분 못하는 여성은 없다. 다만 여성이 원하지 않는다고 말하는데도 불구하고 "너도 좋으면서 뭘 그래"라고 밀어붙이는 성폭행범이 있을 뿐이다. 이것이 바로 데이트 강간이다. 데이트 강간인지, 연애하는 친밀한 사이에서 서로 허락한 상태인지 구분하지 못하는 것은 남성이다. "몇 번을 말해야 알아들어? 난 싫다고"라고 해야 한다. 친밀한 연인 사이에서 이 또한 쉬운 일은 아니다. 그러나 분명한 것은 나의 의사에 반하는 성행위를 강요할 권리는 누구에게도 없다. 그것이 비록 애인이더라도 말이다. 심지어 부부 사이에도 적용되는 일이다.

데이트 폭력의 심각성은 경찰청 통계[7]에서도 명확히 드러난다. 2015년 7,692명에서 2016년 8,367명, 2017년 1만 303명으로 매년 1,000여 명 이상 증가했다. 또한 여성가족부 통계[8]에 따르면 2018년 1~4월 데이트 폭력 관련 신고·상담 건수는 총 3,903건(여성긴급전화 1366)

7. 『경북일보』 2018년 6월 5일.
8. 2018년 6월 6일. http://www.newspim.com/news/view/20180605000480

으로, 2017년 같은 기간 1,886건보다 2배 이상 늘었다. 2018년 1~4월 경찰청에서 집계한 데이트 폭력 신고 건수도 4,848건으로 작년보다 26% 증가했다. 즉 데이트 폭력이 매년 증가하고 있으나, 2017년 상반기에 데이트 폭력을 저질러 형사 입건된 4,565명 중 구속된 경우는 4.2%(190명)에 불과했다. 가정폭력이나 성폭력은 가해자와 피해자를 격리하지만, 데이트 폭력은 법적으로 격리조치를 할 수 없어 강한 처벌을 받는 경우가 드물다. 데이트 폭력 범죄는 "신고해도 소용없다"며 경찰 신고까지 이어지지 않는 경우가 더 많다. 그럼에도 불구하고 극소수의 무고한 경우를 들어서 여성 일반을 가리켜 '연인이다가 헤어져서 이에 앙심을 품고 데이트 폭력으로 신고하여 전 남친을 성폭력범으로 만드는 여자'라고 할 수 없다. 피해자는 여성이 대부분이다.

우리 사회문화는 데이트 폭력을 그저 연인 간의 '사랑싸움'으로 취급하여 생명에 위협을 느낄 정도의 폭력이 발생하기 전에는 피해자 개인이 감당해야 할 몫으로 여겼다. 그러다 보니 우리 사회의 암묵적인 용인 속에 데이트 폭력을 휘두르는 가해자는 점차 '괴물'이 돼 가고 있었다. 우리가 그동안 '개인적인 사소한 일'로 치부했던 데이트 폭력이 피해자에게는 그야말로 생존이 걸린 문제이다. 2018년 8월 22일 청주에서 20대 여성이 남자친구에게 맞아서 숨지는 사고[9]가 발생했다. 가해자 남성의 말을 빌리자면 다른 남자에게 관심이 있는 것 같아서 때린 것이라고 한다. 또 데이트 폭력으로 고소당한 의사[10]는 연인인 간호사 여성을 뼈를 부러뜨려서 깁스를 하거나 기절할 정도의 상해를

---

9. 2018년 8월 22일 MBC 뉴스데스크 보도.
10. 동국대학교 일산병원 전문의 과정.

입히는 폭력을 행사하고 약물로 죽이겠다는 협박도 서슴지 않았다는 사실이 보도[11]되어 경악하게 했다. 자신의 분노를 애인에게 폭력으로 풀고는 그다음 날에는 선물을 안기거나 청혼을 하고 잘못했다고 비는 행위가 반복되었다.

한편 광주 조선대학교 의학전문대학원에 다니는 남자가 같은 학교 여자친구를 감금하고 폭행(늑골 골절 등 전치 3주)한 사건이 법원 판결에서 800만 원 벌금형에 그치자, 아무런 조치도 취하지 않다가 사회적 공분이 일자 학교 측에서 가해자를 제적 처분했다. 이에 불복하여 남성 가해자가 제적처분 무효확인 소송을 냈지만, 정당하다는 법원 판결이 1심에 이어 2심[12]에서도 나왔다. 학교 측에서는 가해자를 피해자와 격리할 필요성이 있으며 의사로서의 자질이 없다고 판단했다.

2018년 3월, 부산의 한 오피스텔에서 여자친구를 폭행하다가 끌고 다닌 한 남성의 영상이 대중에 공개되면서, 데이트 폭력에 대한 사회적 공분이 일었다. 이 영상이 알려지면서 KBS TV 〈추적 60분〉에 방송[13]되어 세상에 드러났다. 차 안에서 3시간 동안 계속된 폭행에 대하여 가해자는 '맞을 짓을 했다'고 뻔뻔스럽게 말했다. 데이트 폭력은 살인, 감금, 강간, 폭행 등 그 강도가 사람마다 다르다. 단순한 사랑싸움이 아니다.

그뿐이 아니다. 연인과 헤어지는 것을 못 견디고 폭력과 강압으로 관계를 유지하려는 남성이 폭력을 행사하는 경우는 비일비재하다. 연

---

11. 2018년 4월 4일 SBS 8시 뉴스 보도; 2018년 4월 4일 『서울신문』.
12. 2018년 8월 24일 『중앙일보』.
13. 2018년 5월 2일 KBS 〈추적 60분〉 방영.

애하다 헤어진 여친이 만나 주지 않는다는 이유로 흉기로 30여 차례나 찔러서 숨지게 한 사건 기사[14], 헤어진 사이임에도 불구하고 안 만나 준다는 이유로 전 여친의 차에 페인트를 뿌려서 엉망으로 만든 사건[15], 지난 며칠 전에는 일주일 전에 헤어진 여자친구와 닮았다는 이유로 혼자 걸어가는 여고생을 1.3킬로미터 정도를 따라가서 무차별 폭력을 행사한 남성[16]이 뉴스 보도에 나왔다. 소위 '묻지 마, 여성 폭행' 사건이 또 발생한 것이다. 마른하늘에 날벼락을 맞은 거나 다름없다.

이러한 사실 보도를 흔히 접하면서 10~20대 젊은 여성들은 상대 남성의 폭력적 성향이 드러나면 두려움에 휩싸인다. '내가 사랑하는 이 남자는 좋은 사람이겠지'라고 믿고 싶어진다. 그러면서도 강압이나 폭력, 위협, 협박으로 인해서 헤어지지 못하고 연인관계를 지속해야 하는 상태에 있는 경우도 있다. 본인은 물론 가족까지 모두 죽이겠다는 폭력성 때문이다. 이것이 가장 무서운 경우이다. '혹시 나 때문에 가족들까지 피해를 입으면 어떻게 하나?' 하는 두려움 때문에 폭력 상황에 내몰리게 된다.

모든 인간은 성적인 존재이다. 따라서 중학생들도 사귀는 아이들이 더러 있다. 그러다 헤어지기도 하고 또 만나기도 한다.

"여러분, 서로 사귀다 상대방이 먼저 이별 통보를 해요. 그러면 어떻게 받아들이는지 생각을 말해 볼까요?"

---

14. http://www.nocutnews.co.kr/news/4717464, 2017년 1월 13일.
15. http://news1.kr/articles/?3037604, 2017년 7월 3일.
16. 2018년 8월 20일 21시 JTBC 뉴스 보도.

먼저 여학생들에게 물어보았다. 여학생 중에는 직접 그런 경험이 있다는 아이도 있었다. 대부분의 여학생들은 이렇게 이야기한다.

"헤어지자는데 별 수 없죠. 받아들일 수밖에요. 왜냐하면 연인관계는 서로 좋아야 하는 거잖아요. 한 사람이 마음이 떠나면 헤어지는 거죠."

남학생들도 마찬가지로 같은 생각이라고 한다. 다행스러운 일이다. 어느 한쪽이 못 헤어진다고 하는 데서 사고가 발생할 수 있기 때문이다. 좋아하여 서로 만났지만 마음이 변할 수 있다는 것을 인정해야 한다. 나도 변할 수 있고 상대방도 변할 수 있다는 것을 말이다. 연인 사이에서 만나다 헤어지면 소위 쿨하게 끝나야 한다. 여성들은 헤어진 남자친구가 찾아오는 것만으로도 불안감을 느끼는데, 지속적으로 연락하고 만날 것을 강요하는 문자, 카톡, 전화, 집 앞에서 기다리기, 상대방의 동선을 따라 스토킹하듯 따라다니는 행위 등은 여성에게는 몹시 두려운 상황이다. 그런데 수사기관 입장에서는 정서적으로 힘들게 했다는 이유만으로 처벌할 수 있는 규정이 없기 때문에 수사가 어렵다. 현실과 법 사이에는 이렇게 차이가 난다.

연인이나 부부는 모름지기 동등한 인격적인 만남이어야 한다. 그럼에도 불구하고 그 친밀한 관계에서마저 수직적 권력을 행사하고자 하는 욕구를 가진 사람이 있다. 남자라는 이유로 여자친구를 함부로 해도 된다는 사고방식, 남성의 물리적 힘, 부나 선망하는 직업을 가진 사회적 지위를 악용해 자신이 둘 관계에서 우위라고 판단하여 그 상대에게 강간을 포함한 각종 폭력을 행사하는 것이다. 따라서 데이트 폭력은 친밀한 연인 사이에서 일어나는 만큼 더 야비하고 저질의 폭력이라고 할 수 있다. 어디 가서 힘을 쓸 데가 없어서 연인 사이인 상대 여성에게 행사하려 드는가 말이다.

5.
학교 미투 운동

미투 운동(Me Too movement, #MeToo)은 2017년 10월 미국에서 하비 와인스타인의 성폭력 및 성희롱 행위를 비난하기 위해 소셜 미디어에서 인기를 끌게 된 해시태그(#MeToo)를 다는 행동에서 시작된 해시태그 운동이다. 이 캠페인은 사회운동가 타라나 버크가 사용했던 것으로, 앨리사 밀라노에 의해 대중화되었다. 밀라노는 여성들이 트위터에 여성혐오, 성폭행 등의 경험을 공개해 사람들이 이러한 행동의 보편성을 인식할 수 있도록 독려했다. 이후 수많은 저명인사를 포함하여 많은 사람들이 자신의 그러한 경험을 밝히며 이 해시태그를 사용했다. 이후 이러한 운동은 전 세계적으로 퍼지게 되었다.

우리나라에서는 2017년 '페미니스트 교육이 필요하다'는 인터뷰로 집중 공격을 받은 최○○ 교사를 지지하고 실재로 교실에서 페미니즘 교육을 해야 한다는 지지운동으로 수많은 교사들이 헤시태그 #나는 페미니시트 교사입니다.#를 써서 사진을 찍고 인증샷을 올렸다. 이후 2018년 봄에는 서지현 검사의 검찰 조직 내에서의 성폭력 사건, 김지은이 밝힌 안희정 도지사에 의한 성폭력 사건이 JTBC 뉴스룸을 통해 폭로되면서 대한민국 사회를 미투 운동으로 뜨겁게 달구었다. 이어서 각계각층에서 권력을 이용한 성폭력 사건이 잇달아 폭로되면서 성을 매개로 이루어진 갑질 비리가 공개되기에 이르렀다.

이러한 미투 운동의 영향을 받아 교사들이 저지른 성희롱, 성추행 등이 드러나기 시작했다. 학교 미투 운동을 온라인에서 수집하자 엄청난 사연들이 쏟아졌다. 먼저 대학에서 교수에 의한 성폭력 미투 운동이 시작되었다. 이어서 중고등학교로 나아갔다. 이렇게 되자 남성들은 긴장하기 시작했다. 여기서는 고등학교에서 일어난 대표적인 사례를 몇 가지 들고자 한다. 중고등학교에서도 다 드러나지 않았을 뿐, 이런저런 문제가 있는 것은 사실이다.

각계각층의 미투 운동에 이어서 마침내 학교에서도 학생들이 일어났다. 젊은 신규 여교사나 기간제 여교사에게 성폭력을 가한 일들이 폭로되었다. 그것은 빙산의 일각에 불과하겠지만, 여성들은 이제 성폭력에 반대하는 거대한 물결을 만나게 되었다. 미투 운동에 이어서 주체적이고 자발적인 여학생들과 여교사들의 "학교에는 페미니즘 교육이 필요하다", "우리에겐 페미니즘 언어가 필요하다", "우리에겐 페미니스트 교사가 필요하다"는 외침에 이제는 우리 교육계가 대답할 때이다.

2018년 7월 20일 부산의 한 여고에서 대자보와 포스트잇을 통해 교사들에 의해 일상으로 저질러진 성희롱과 성추행을 폭로하고 그에 대한 처벌과 재발 방지를 요구하는 미투 운동이 일어났다. 이어서 청와대 청원으로까지 이어지면서 고등학교에서 수년간에 걸쳐서 지속되어 온 성폭력 문화를 고발하고 있다.

인권 존중, 대자보 떼지 말라는 요구와 함께 모든 선생님이 성폭력 가해자는 아니라는 사실을 적시하고 있다. 학생들은 가해교사들의 솔직하고 진심 어린 사과, 학생의견 적극 수용, 재발 방지 약속, 학교 측의 공식적인 사과, 문제 제기 학생 처벌 금지를 요구하고 있다. 그들은 구체적으로 발언한 교사들을 가리키며 그들이 "'여자는 애낳는 기계다', '너희 어머니들은 삭아서 화장해야 한다', 학생의 입술을 만지며 '입술예쁘다'고, 물병 뚜껑 보고는 '젖○○ 같다'고 말했다"고 고발하고 있다.

부산에서 일어난 학교 성폭력 문화를 고발한 대자보 사진, 트위터 캡처.

학교에서 교육을 하는 교사에 의한 성폭력적인 상황에 대한 고발은 어제오늘의 일이 아니다. 예전에는 이러한 말 자체가 존재하지 않았다. 이제 와서 돌아보면 우리가 학생이었을 때에도 성추행, 성희롱, 음담패설 등을 겪지 않은 여성이 없을 정도로 비일비재했다. 별 생각 없이 그렇게 말하거나 행동하는 남자 선생님들이 일상에서 흔한 일이었다. 그전에는 문제 삼을 수 있는 언어를 갖지 못한 점도 있었고, 감히 교사 권력에 대항하여 학생들이 말을 할 수가 없었던 구조였다. 자칫하면 주동자나 가담자는 모두 퇴학을 당할 준비를 해야 하니까 그들의 역공이 무서웠다. 세월이 변했다 해도 지금도 어려운 일이다.

그러나 재학생들과 졸업생마저 동조하여 고발한 학교의 성폭력 문화는 반드시 없애야 한다. 그 예로 서울의 용화여고에서는 18명의 교사가 징계[17]를 받았다. 학교생활 일상에서 성폭력 문화가 만연했으나 입시에서 불이익을 당할까 봐 참고 넘겨야 했던 일을 이제야 졸업생들이 먼저 들고일어났고, 재학생들이 창문에 포스트잇을 붙이며 미투에 동참한 결과였다. 부산의 한 고등학교에 이어서 며칠 뒤 광주의 사립 고등학교에서 미투 운동이 봇물처럼 터져 나왔다. 이를 지켜보는 교사들은 마음이 착잡하다.

학창 시절, 남교사에 의해 얼굴이나 목선을 만지거나 브래지어 끈을 잡아당기는 수모를 겪거나 엉덩이가 예뻐야 한다, 각선미가 어쩐다 등의 말은 수없이 들었다. 여성들은 자신들이 듣거나 직접 보거나 당했던 성폭력 장면을 백서를 만들어도 될 만큼 많은 사례를 모을 수 있다. 가는 곳곳마다 이상한 남교사가 있었다. 그때는 그것이 성폭력적인 발언이라는 것도 모르고 그저 여학생들만 수치스러워해야 했다.

"여자들한테서는 냄새가 나지. 피 냄새."

"마누라는 뭐 늙어서 감흥이 없지."

"여자는 적당히 어리숙한 게 좋아."

"똑똑한 여자가 제일 싫어. 인생 고달프게 사는 거지."

---

17. 2018년 8월 22일 『중앙일보』 보도자료: 서울시교육청에 따르면 징계 내용은 파면 1명, 해임 1명, 기간제 계약해지 1명을 비롯해 정직 3명, 견책 5명, 경고 9명 등이다. 교육청이 특별감사를 실시해 학교에 요구한 징계 수준을 그대로 따라, 성폭력을 직접 가한 교사 외에도 신고를 늦게 하는 등 '학교 성폭력 대응절차'를 지키지 않은 교사들도 징계에 포함됐다.

"여자는 자고로 섹시해야 해. 섹시한 여자는 모든 남자에게 먹히거든."

얼마 전 무더운 여름 한낮에 창체 수업 시간 중에 일어난 일이다.

"미투 운동을 하는 여자에게 더 문제가 있다"라고 피해자에게 문제를 덧씌우는 발언을 하는 남자 교사가 있었다. 여학생들이 "왜요? 어떤 점에서 문제가 있나요?"라고 정색을 하자 얼렁뚱땅 넘어갔다고 한다. 뿐만 아니라 여학생들의 긴 머리카락을 만지는 행위를 하자, "선생님, 만지지 마세요. 저는 성인 남성인 선생님이 제 머리카락 만지는 거, 너무 싫어요"라고 했다.

다른 여학생들은 이미 머리를 만져도 아무 응대를 못하고 있었다. 이 말을 듣고 깜짝 놀란 남자 교사가 1시간 내내 변명을 늘어놓았다. "선생님의 변명 자체가 또 다른 폭력적 상황으로 전개되니까 나의 그런 발언 때문에 다른 학생들에게 민폐를 끼치게 되는 일은 아닌가." 하고 걱정하게 된다고 한다. 여전히 피해자가 그런 불편한 시간에 대한 책임을 자신에게서 찾으려는 경향을 보였다. 사실 "미안하다. 그럴 의도는 아니었다"라고 진심 어린 사과를 하면 될 일이었다. 그러나 그는 1시간 내내 변명을 함으로써 2차 가해를 한 것과 다름없는 상황을 만들었다.

6.
최초의 미투 운동,
"나는 일본군 성노예였다"

우리나라에서 미투 운동은 1991년 위안부 할머니들로부터 시작되었다. 그러나 사람들은 그분들의 아픔에 동참하고 인권회복을 위한 노력에 참여하면서도 당신들이 미투 운동의 원조라고 생각하지 못했다. 왜냐하면 나라를 잃은 일제 강점기에 일본군 위안부로 끌려간 할머니들은 1945년 광복이 되고서도 돌아오지 못하는 경우가 많았다. 그분들은 피해자였음에도 불구하고 일본군 만행의 흔적을 없애기 위해 죽임을 당하기도 했다. 또 일부는 더럽혀진 몸으로 차마 고향으로 돌아오지 못하겠다는 분들도 있었다. 더러는 우여곡절 끝에 고향으로 돌아왔으나 그들을 부끄럽게 생각한 가족들 때문에 평생 죄인으로 살아야 했다. 누구도 그들을 응원하지 않았고 끌려간 소녀들은 어느덧 할머니가 되었다. 나라를 지키지 못한 남성 권력자들은 그들을 일본 군부대에 바친 꼴이 되었다. 그러나 할머니들의 인생에 대하여 책임지는 국가나 사람은 없었다. 오직 그분들에겐 가혹한 삶이 남아 있을 뿐이었다.

대한민국민주공화국이 성립되고 민주주의 새날이 열렸다. 부끄러운 과거라고 생각한 탓인지 할머니들은 역사의 뒤안길로 묻혀 갔다. 광복

후 46년이 흐른 뒤에야 비로소 세상에 알려졌다. 1991년 8월 14일 고 김학순 할머니가 최초로 "나는 일본군 위안부였다"고 증언했다. 이 일이 알려지면서 전국에서 같은 고난을 겪은 할머니들이 모였고, 1992년 1월 8일부터 매주 수요일 12시 일본대사관 앞에서 '일본군 성노예제 문제 해결을 위한 정기 수요 시위'가 27년간 이어져 오고 있다. 기네스북에 오른 단일 이슈 최장기 집회로 1393차[18] 수요 집회를 하고 있다. 그러는 사이에 할머니들은 고령으로 돌아가시고 이제 21명(2019년 5월 16일 기준, 『여성신문』) 생존해 계신다.

일본군 위안부 할머니들의 인권회복운동에 대하여 몇 년 전부터 많은 학생들이 평화나비운동으로 참여하고 시민들도 이에 대한 해결 의지와 관심이 높아졌다. "우리가 모두 죽기 전에 이 문제를 해결하고 싶다"고 할머니들은 말한다. 이러한 할머니들의 미투 고발을 27년간 최장기 집회를 하는 동안 우리는 그분들의 외침과 목소리에 "위드 유"라고 적극적인 동참을 못했다. 단지 역사 속의 이야기로, 또는 할머니들의 사연으로 대상화하지 않았는가 말이다. 그래서 일본과 정치적 관계 속에서 이 문제를 해결하려고 2015년 12월 박근혜가 했던 합의는 무효라고 주장하는 것이다. 국가 차원에서 기획된 범죄다. 전쟁에 나선 일본 군인들의 사기를 진작하고자 식민지 여성들을 강제로 끌고 가서 군부대가 이동하면 여성들도 강제 이동시키면서 행한 인권유린의 증거가 바로 살아 있는 할머니들이다. "내가 그 사람이었다"라고 하는데 무엇이 더 필요하다는 말인가?

---

18. 2019년 6월 26일 기준.

젊고 아름다운 여성이 피해자가 아니라서, 혹은 유명한 배우가 아니라서 그랬던 것은 아닌가? 가해자가 유명 시인이 아니라서 또는 유명한 배우가 아니라서 혹은 우리가 모두 아는 그런 사람이 아니라서 그냥 할머니들의 주장을 미투 운동으로 바라보지 못했을까? "내가 바로 성폭력 피해자입니다. 가해자는 불특정 일본 군인들이며 그 수는 헤아릴 수 없이 많습니다"라고 주장하는 그분들의 목소리[19]에 정신이 번쩍 들었다. 수요 집회는 27년이 지난 지금도 계속되고 있다.

1992년부터 1998년까지 피해자 할머니 10명의 원고단이 시모노세키와 부산을 23차례 오가며 법정 투쟁을 한 영화 〈허스토리〉가 상영되었다. 당시에는 사회적 관심도 미약하여 원고단 할머니들의 증언이 중요했다. 고통스러운 과거를 꺼내어 증언하는 일은 쉬운 일이 아니다. 일본 정부의 배상과 사죄를 요구하는 고소장을 정식으로 제출하고 "내가 일본군 성노예였다"고 말하기 시작했다. 그렇게 우리에게는 미투 운동의 원조이신 할머니들이 계신다. 이렇게 용기를 내어주신 우리나라의 할머니들 덕분에 세계의 여러 나라에서도 같은 일을 당한 할머니들이 "미투"라고 하면서 동참하고 일본군 만행을 세계에 알릴 수 있었다. 그럼에도 불구하고 아직도 가해자인 일본정부는 공식적인 사죄와 배상을 하지 않고 있다. 2019년 현재, 성폭력 가해자들과 교묘히 닮아 있다.

---

19. 〈아이 캔 스피크〉, 김복동 할머니(2019년 1월 사망)의 삶을 그린 영화(나문희 주연, 2017년 9월 개봉).

▶ '페미니스트 모먼트' 또는 '아직 페미니스트가 아니라면' 그 이유를 이야기해 보자.

▶ "나는 성폭력 피해자입니다"라는 미투 운동이 앞으로 전개될 상황을 예측해 보자.

5장

여성으로 살아간다는 것

1.
외모 칭찬, 사양합니다

"선생님, 오늘 예뻐요"라고 즐겁게 재잘대는 학생들을 보면서 한때는 나도 기분이 으쓱해지기도 하고 칭찬을 들어서 기분 나쁠 사람은 없다. 그런데 이제는 이렇게 말한다.

"여러분, 외모 칭찬 사양합니다. 외모로 평가하지 마세요."

이렇게 말하면 아이들은 왜 칭찬도 못하게 하느냐, 칭찬 들으면 기분 좋아지고 칭찬이 우리들의 사이를 좋게 하기도 하는데 왜 칭찬이 안 되느냐고 항의를 한다. 거침없이 소리를 지르기도 한다.

"선생님, 선생님은 치마가 더 잘 어울려요."

"선생님, 왜 맨날 바지만 입어요?"

학생들은 그저 가볍게 생각한다. 그러나 나는 우리가 무심코 하는 이런 칭찬에 숨은 뜻을 찾아보자고 한다.

"난 외모로 평가받는 연예인이 아닙니다. 선생님이죠. 물론 여러분의 칭찬이 기분이 나빠서가 아니라, 외모 칭찬은 여성에게 많이 이루어지는데 그렇게 되면 여성을 외모로 평가하게 됩니다. 나는 여성이지만 외모가 아니라 선생님으로 평가받고 싶은 거지요. 그리고 남성에게도 똑같이 외모 칭찬을 하는 건 아니기 때문에 성차별적 발언이기도

합니다. 여선생님, 동료 여성, 여자친구, 심지어 어머니, 여동생, 누나 등 모든 여성을 외모로 평가하는 습관이 생기게 됩니다. 누군가 나를 단지 외모로만 평가한다면 여러분 기분은 어떨까요?"

"좋지 않아요. 외모는 단지 나의 일부일 뿐인데…."

"그런데 우리 사회가 외모지상주의처럼 느껴져요. 친구들 사이에서도 모이면 맨날 누구는 어떻고 이런 식으로 외모 평가를 하는 경우가 많아요."

"심지어 영어 샘은 치마가 너무 짧은 것 같고, 사회 샘은 맨날 바지만 입는 것도 아이들이 다 말해요."

"또 옷 입는 스타일에 따라서 음악 샘은 아줌마 스타일, 미술 샘은 독신녀 스타일이라고도 해요."

"선생님, 왜 머리카락 잘랐어요? 긴 머리가 더 예뻐요."

이렇게 마음껏 평가를 한다. 처음엔 칭찬처럼 들리는 외모 평가 발언을 그냥 흘려두면 점점 그 수위를 높이며 질주하기 시작하여 멈출 줄을 모른다.

"선생님은 치마가 더 예뻐요."

초등학생이나 중학생만 되어도 이렇게 선생님의 외모를 자연스럽게 평가하기 시작한다. 처음엔 칭찬으로 시작한다. "선생님, 오늘 예뻐요" 와 같이 달콤하게, 그러나 이것을 좋아하기 시작하면 눈만 마주치면 대화 주제가 외모 평가가 되기 쉽다.

"치마가 너무 짧은 것 같아요. 바지 입지 마세요. 쇼트커트 헤어스타일은 남자 같아요. 나는 긴 생머리 스타일이 좋아요. 짧은 머리스타일은 동네 아줌마 같아요. 뚱뚱하면 스타일이 구겨져요. 바지 입고 쇼

트커트 헤어스타일 하면 나이 든 여자로 보여요."

자기의 마음을 드러내는 일이라고 생각하는 경우도 더러 있다. 그런데 외모 평가를 허용하기 시작하면 누구나 그 평가에 의해 기분이 좌우되기도 한다.

"외모 칭찬, 사양합니다. 왜냐하면 그것은 성차별적 발언입니다. 그리고 외모 평가도 사양합니다. 왜냐하면 외모에 신경 쓰게 되니까요."

이렇게 말하면 된다. 그것이 왜 성차별적 발언인지는 서로 토론하면서 자연스럽게 찾을 수 있다.

10~20대 여성들이 가장 심하게 느낀 차별 경험은 바로 학교에서 일어난 외모 차별[1]이었다. 여성민우회에서 발간한 '2017 성차별 보고서'에서 10대 여성들이 성차별을 겪은 장소는 학교가 31%로 가장 높게 나타났고, 구체적으로 학교에서 겪은 성차별로는 '복장이나 행동 규제·외모 지적'이 26%로 가장 많았던 것으로 나타났다. 여성에게 흔히 하는 외모 평가 발언이 비록 칭찬으로 들릴지라도 사양하는 게 맞는다. 왜냐하면 외모 평가는 언제나 긍정적일 수 있는 것도 아니며 부정적인 것도 반드시 오게 된다. 그리고 점점 그 강도는 세어지고 그것이 올가미로 작용할 수도 있기 때문이다.

어떻게 사느냐가 아니라 아이들이 좋아하는 외모로만 평가받는 것을 우리는 사양한다. 요즘 학교 선생은 아이들 입맛에 맞는 사람이 되려면 여러 가지를 충족시켜야 한다. 일단 젊은 사람을 선호한다. 20대

---

1. 2018년 5월 9일 『한겨레』.

가 단연 능력자다. 거기에다 세련되고 지적인 풍모를 갖추면 더 좋다. 패션도 중요하다. 여기에다 어떤 옷을 입어도 잘 어울릴 듯한 날씬한 몸매를 좋아한다. 또한 이런 외적 조건을 갖추면서 스스럼없는 친구 같은 선생님, 오빠나 누나 같거나 연인 같은 선생님이길 원한다. 그렇다고 해서 이 모든 것을 다 갖추기는 어렵다. 세월이 가면 외모도 변하고 생각도 바뀌기도 한다. 사람이 젊기만 한 채로 살 수도 없거니와 세월 따라 변화해 가는 것도 인정할 줄 알아야 한다. 학생들 입맛에 맞는 교사로 살기에는 이미 역부족이니 외모 칭찬 사양하면서 그것이 외모 평가로 갈 수밖에 없다는 것을 이야기를 통해서 스스로 알아가도록 도와야 한다. 처음엔 아이들이 난리다.

"선생님, 왜 안 돼요? 칭찬하는 것도 안 되다니 너무해요. 칭찬은 얼마든지 해도 되는 거 아니에요?"

"자, 사람이라면 누구나 칭찬 싫어할 사람은 없지요. 선생님도 여러분이 '예쁘다. 멋지다'라고 하면 으쓱해져요. 근데 선생님은 학생들과 얼마나 즐겁고 유익한 교육활동을 하느냐로 평가받아야 할 사람입니다."

이렇게 말한다. 그런데 외모를 보고 '예쁘다. 멋지다'라는 긍정적인 칭찬만 먹고 살지는 못한다. 이런 긍정적 칭찬을 하던 사람은 곧 그 사람이나 다른 사람에게 또 다른 면도 볼 것이다. '늙어 보인다. 동네 아줌마 스타일이다. 남자 같다. 여성스럽지 못하다'와 같은 부정적인 외모 평가를 할 것이다. 그 사람(선생님이나 동료, 또는 친구)과 전인격적으로 만나고 '보고 싶었다. 어찌 지내는지 궁금했다. 아픈 데는 없는지, 잘 지냈는지 안부를 묻는 것'이 더 좋은 것 같다. 아니면 지난 주말에 재미있는 일이 있었다면 들려주거나 또 그에게 묻거나 하는 일이 더 질 높은 대화를 이어 가게 할 것이다.

"외모 칭찬만 하고 살기는 어렵고 내가 누군가를 칭찬한다면 반대로 다른 사람에게는 안 할 수도 있어요. 그런데 외모 평가는 안 하는 게 그를 존중하는 거예요. 그것이 칭찬이든 아니든. 왜냐하면 외모는 칭찬을 듣는다고 해서 그대로 따라 하기도 어려운 부분이고 보는 사람의 취향에 따라 모두 다르죠. 여차하면 칭찬을 하는데 누군가는 칭찬을 잘 안 해요. 그것도 마음이 상할 수 있어요. 우리가 하는 외모 평가의 무심한 말이 누군가에게는 큰 상처가 될 수도 있어요."

"우리 이제 모든 사람에 대하여 외모 평가는 하지 않기로 약속해요."

왜냐하면 외모 평가 발언은 일상에서 여성을 옥죄는 말이 되니까. 우리 스스로 우리를 외모로 평가하는 일상에서 벗어나야 하니까. 입에 익숙했던 그 말, 칭찬이라고 했던 그런 외모 평가도 이제는 사양하자고 말이다.

2.
날씬한 몸매를 원하십니까?

남성 중에는 겉으로 보기에는 점잖은 사람 같아 보이지만 자신의 아내와 딸에게 강요하는 외모에 대해서 매우 폭력적인 사람들이 많다. 그런 사람 다시는 없을 거라는 평을 받는 A교장은 젊어서부터 현재 회갑이 지난 아내에게 "살쪘다"는 말을 수시로 한다. 그걸 듣는 부인은 평생 동안 다이어트 중이라고 한다. 겉으로 보기에는 오히려 마른 체형으로 느낄 정도인데도 말이다. 또 내가 아는 B씨는 성격이 화통하고 시원시원하여 모임에서 다른 사람들을 유쾌하게 만드는 재주가 있는 분이다. 그런데 어느 날 B씨의 말을 듣는 순간 충격이 너무나 컸다. 그는 남매를 키우는 아빠이기도 하다.

"나는 공부 못하는 딸은 용서할 수 있지만 뚱뚱한 딸은 용서 못한다."

"여자가 낭창낭창하고 여리여리해야 여자 맛이 나는 거지, 뚱뚱한 여자가 여자냐? 자기 관리도 못하면서 뭘 한다는 거냐?"

그러니까 얼굴은 수술로 수정이 가능하지만 비만은 오로지 자신의 노력과 관리에 달려 있다고 주장했다. 아나나 다를까, 그의 부인은 몸이 날씬했다. 평생 아침저녁으로 체중계에 올라가면서 굶다시피 하고 살았다고 한다.

이렇게 세상에서 가장 가까운 가족으로 살면서 남편이나 아빠가 아내나 딸을 바라볼 때조차 그 잣대가 뚱뚱하냐 날씬하냐에 달려 있다니, 그들은 단지 자기 생각을 말했을 뿐이겠지만 그걸 듣고 살아야 하는 여성은 매 순간마다 자기 몸에 대한 평가를 받았던 것이다. 먹고 싶은 거 한번 실컷 먹지 못하고 살아야 했으니 얼마나 사는 게 녹록지 않았을지 알 만한 일이다. 몸이 우리들의 욕망대로 체형이 정해지는 것이라면 가능하다. 그렇다면 세상에 비만으로 고생하는 사람은 없을 것이다.

우리나라뿐만 아니라 세계는 모두 날씬한 몸만들기에 주력하는 것 같은 느낌을 준다. 보통 사람들이 접근하기 힘든 전문적 지식과 데이터를 가지고 말하기 때문에 설득당하기 쉽다. 그 좋은 예가 세계보건기구WHO에서 제시하는 체질량지수(BMI·kg/m^2)가 30.0 이상이면 비만으로 진단한다. 우리나라를 비롯한 동양에서는 더 엄격하게 25 이상을 비만으로 간주한다. 세계는 지금 비만과의 전쟁이다. 기업에서조차 비만인 자는 자기 관리에 실패한 것으로 인정되어 퇴출 대상 1호라는 소식이 곳곳에서 들려온다. 비만인 경우 암에 걸릴 확률이 높고 심장질환으로 사망할 확률이 몇 배 높다는 등 의학적 연구 결과를 내놓으며 겁을 준다. 물론 건강하게 오래 살고 싶은 것은 모든 인간의 욕망이므로 사람들은 이러한 소식에 민감할 수밖에 없다.

그중에서 유독 한국 사회가 여성에게 강요하는 날씬한 몸매에 대한 요구는 세계적이다. 국민건강보험공단에서 발표[2]한 내용에 따르면 전체 비만율을 끌어 올린 주범은 남성으로 전해졌다. 지난해 비만 이상인 남성은 41.3%로 여성 비만 비율 23.7%에 비해 두 배 가까이 높았다. 특히 30대 남성의 경우 2명 중 1명꼴인 46.3%가 비만 이상으로 조사됐고, 40대 역시 그 비율이 45.9%에 해당했다. 반면에 여성은 70~60대에 비만율이 가장 높았다. 여성은 남성과 달리 청장년층보다는 70대(41.6%), 60대(38.9%)에 비만자가 많은 것으로 나타났다. 그만큼 20대부터 50대까지 젊은 여성들은 다이어트에 노출되어 있다는 것을 반영한다. 세계적으로 보아도 여성 비만율이 가장 낮은 나라로 일본에 이어 우리나라로 조사[3]되었다. 한편 고도비만율과 초고도비만율을 보면 남녀 모두 소득이 낮을수록 높게 나타났다. '저소득층일수록 패스트푸드 섭취가 많고 운동할 여가를 갖지 못하여 비만일 확률이 높다'는 사회적 인식이 그대로 조사에서도 드러났다. 한편 부자동네로 알려진 강남 3구에서는 비만율이 최저로 나타나 부자일수록 날씬한 몸매를 가지고 가난할수록 비만형 몸매일 확률이 높다는 것을 반증해 주고 있다. 그러니 여성이라면 어린아이 때부터 80대 노인까지 "살빼야 한다"는 말이 자연스럽고 익숙하다. 그만큼 날씬한 몸에 대한 환상은 끝이 없는 욕망과 같다. 우리 어머니는 여든이 넘으셨는데 오늘도 살과의 전쟁이다. 어머니는 평생 다이어트를 나름대로 했지만 점점 체중이 불어났다.

"입맛이 없어서 덜 먹어야 하는데, 나는 한평생 입맛이 없었던 적이 없다. 지금도 두 그릇은 더 먹을 수 있지만 살을 빼야 하기 때문에 그

2. 2017 비만백서.

3. OECD의 연례 보고서 '비만 업데이트 2017', https://www.youtube.com/watch?v=rZYkkXsclas

만 먹는 거다"라면서, 아쉬운 듯 수저를 내려놓는 모습을 보면 안타깝다. 그렇지만 초초고도형 비만이라 오만 약을 달고 살고 있으니 마음껏 먹을 수도 없는 형편이다.

학교에서도 여전히 '살과의 전쟁'이다. 특히 여학생들은 민감하다. 이것은 여성을 향한 끊임없는 사회적 압력이 작용하기 때문이다. 어린아이 때부터 여아로 태어나면 듣는 소리가 '날씬하다, 여리여리하다, 하늘하늘하다, 낭창낭창하다'와 같은 긍정 메시지를 듣거나 '뚱뚱하다, 미련하다, 자기관리 못한다, 돼지 같다'와 같은 부정 메시지를 듣게 된다. 이런 압력을 받는 여성은 당연히 긍정 메시지를 듣고 싶어서 극단적인 다이어트를 평생에 걸쳐 하게 된다. '못생긴 건 참을 수 있지만 뚱뚱한 건 못 참는다'는 세간의 말이 있다. 못생긴 건 성형으로 수정이 가능하지만 뚱뚱한 것은 오직 자신의 마음먹기에 달렸다는 뜻이다. 그러다 보니 초등학교 3~4학년 여학생들이 급식을 조금만 달라고 한단다. 왜 조금 먹느냐고 담임선생님이 물으니 "다이어트해야 하니까 밥을 조금만 먹어야 한다"고 답했다고 한다. 중학생은 더하다. 한창 성장기의 아이들이라 많이 먹을 텐데 여학생들은 반 공기 정도밖에 먹지 않는다. 언제나 '다이어트 중'이다. 텔레비전이라도 틀면 홈쇼핑 채널에는 아주 늘씬한 여성이 모델로 나와서 운동기구를 판매한다든가 다이어트 식품을 팔고 있다. 한때 많은 사람을 텔레비전 앞으로 끌어모은 '살과의 전쟁' 프로그램도 있었다. 일반인이 보기에도 고개를 절레절레 흔들 정도의 초고도 비만인 사람들이 출연하여 누가 더 많이 몸무게를 뺄지를 지켜보면서 출연자들의 완전히 달라진 모습에 환호하는 프로그램이었다. 텔레비전 앞에서 그들의 성공담을 들으며 모두들 의지를 다지고 있는지도 모른다. 인생에서 성공하기 위하여 말이다. 다른 건 몰라도 살은 나의 의지로 뺄 수 있다는 신념을 가지는 것 같다. 그러다 보니 아이들 눈에 비치는 교사의 모습에도 아주 민감하다.

"우리 샘은 예쁘고 날씬해."

"우리 샘은 동네 아줌마 같아. 뚱뚱하잖아"

후…. 동네 아줌마들이 그 동네를 살리는 주역인지도 모르고 샘이 퇴근해서 동네에 가면 동네 아줌마로, 지역사회의 주민으로 사는데 말이다.

3.
성형 수술 권하는 가족

가족이라는 이름으로 행하는 폭력도 흔히 일어난다. 그중에서 자신이 낳은 아이나 가까운 사이일수록 여성인 경우에는 기준이 김태희다. 김태희, 그녀는 예쁘고 날씬하고 공부도 잘한다. 소위 예쁜 여자가 공부까지 잘하니 보통 여자아이들은 기가 팍 죽는다. 이래저래 비교당하며 열등감을 심어 준다. 김태희는 멀리 있지만 가까이 있는 '엄마 친구 딸', 즉 엄친딸을 들이대며 당하는 비교는 일상이다. "내 친구 딸은 공부 잘하고 친절하고 인사성 밝고 애교 많고 거기다 얼굴 예쁘고 날씬하기까지 하니 그 아이 반만 닮아도 소원이 없다"고 대놓고 말하는 엄마도 많다.

이것저것 비교당하지 않는 게 없지만 그중에서 가장 곤욕스러운 건 얼굴과 몸매다. 그러니 중학교를 마치고 고등학교에 진학하는 겨울방학 때에 집중적으로 성형 수술을 감행한다. 주로 쌍꺼풀 수술과 눈을 더 커 보이기 위해서 앞뒤 트임을 한다. 더러는 콧대를 높이는 수술을 받고 오는 여학생들이 있다. 연예인들이 성형 수술에 대해 아무렇지도 않게 쿨하게 커밍아웃을 하거나 오히려 더 성공적인 사례, 보수비용까지 스스럼없이 이야기하는 시대를 살고 있다 보니 학생들이 성형하는 것도 눈치 볼 일도 아니고 부끄러워하거나 숨기고 싶은 비밀이 아니게 되었다. 더구나 성장하는 동안 꾸준히 가족들로부터 "애, 너는 쌍수만 하면 되겠다. 언제 수술할래?" 이런 소리를 듣고 자라다 보면 자신도 모르게 '당연히 수술해야 되나 보다' 하고 생각하게 되었다고 한다. 그런데 그중에서 의외의 변수를 가진 친구도 더러 있다. 쌍꺼풀 수술 운운하는 엄마에게 정식으로 항의를 하고 나니까 다시는 그런 소릴 안 하더란다.

"엄마, 엄마는 내가 부끄러워? 왜 자꾸 수술을 하라고 하는 거야? 나 수술하는 거 무섭기도 하고 원하지 않아요. 나는 쌍꺼풀 없는 지금의 내 눈도 좋아요."

이렇게 큰 소리로 따졌다고 한다. 비록 나중에 후회하게 된다 하더라도 계속 내 눈을 바라보며 온 가족이 수술 운운하는 소리를 더 이상 듣고 싶지 않았다고 한다.

한국 사회가 외모를 중시하는 사회가 된 게 어제오늘의 일은 아니다. 조선시대에도 사람 대하는 기준 중에서 '신언서판'이라 하여 가장 먼저 나오는 것이 신身이다. 즉 외모의 단정함이다. 또 예나 지금이나 면접을 볼 때 그에게서 보이는 바가 관상이다. 고관대작이나 왕후장상의 기운을 가진 풍모를 선호했다는 것이다. 그러다 보니 의학기술이 발달한 현대사회에 와서 사람들이 좋아하는 어떤 기준에 맞도록 수술 권하는 사회가 된 거다. 성형 수술을 하고 나면 관상이 달라지고 '상이 바뀌니 팔자가 바뀐다'는 말이 생길 정도이다. 이러다 보니 엄마, 아빠의 외모에 대한 기준에 미달이라는 이유로 딸에게 성형 수술을 권하는 세상이 되고 말았다.

가끔 뉴스에 오르내리는 성형중독으로 인한 고통, 성형 수술 하다가 갑자기 사망사고가 나거나 수술 집도 의사의 실수를 인정하는 의료사고[4]로 문제를 제기하여 논란이 되는 경우를 볼 수 있다. 이제 성형 수술은 감추어야 할 이유가 없는 누구나 접근 가능한 일이 되면서 강남미인이라는 말이 생길 정도이다. 즉 성형 수술로 얼굴이 바뀐 경우인데 성형외과가 강남에 많이 있고 잘한다는 의미로 강남미인이라는 말이 생겼다.

〈내 아이디는 강남미인〉[5]이라는 JTBC 주말 드라마가 등장했다. 원작은 웹툰인데 이를 각색하여 드라마로 만들었다. 이 드라마는 여성의 외모를 둘러싼 웃지 못할 이야기, 현실에서 일어날 법한 소재를 다루고 있어서 시청자들에게 공감을 일으킨다. 특히 자연미인 앞에서는 늘 고개를 숙이는 성형미인의 자괴감과 성형 이전의 나를 알던 사람이 없는 곳에서 완전히 새로운 삶을 살고 싶은 욕구를 느낀다. 이 드라마에서는 강남미인을 바라보는 남성들의 시선이 주목을 끈다. 딱 봐도 성형한 티가 나는 강남미인을 보고 남자들은 입으로는 '예쁘다' 하면서도 마음으로는 자연미인보다는 하수로 두고 어쩐지 함부로 해도 되는 사람인 것처럼 대한다. 그중에서 특히 복학생 남자 선배가 하는 말 "이게 어디 까불고 지랄이야? 강남 가면 길에 널려 있는 게 너 같

4. 한예슬 지방종 제거 수술 의료사고 인정, 강남차병원(2018년 4월 23일), 메디컬데이.
5. 2018년 7월 27일부터 방송된 최성범 연출, 최수영 극본의 JTBC 금토 드라마이다. 어릴 적부터 '못생김'으로 놀림을 받아서 상처를 가득 안고 있던 주인공 미래는 엄마의 권유와 도움으로 성형 수술을 하여 아버지도 못 알아보는 새로운 사람으로 변신했다. 이후 새 삶을 얻을 줄 알았던 여자 '미래'가 대학 입학 후 겪게 되는 성장기를 다루며 우리 주변에서 흔히 볼 수 있는 외모 평가에 따른 고통과 그것이 차지하는 비중을 둘러싼 이야기들이 전개된다.

은 애다"라는 모욕을 준다.

주인공 '미래'의 엄마는 보험설계사를 하면서 자신의 평생의 경험상 여성의 외모가치를 너무 잘 알고 있었다. 그래서 대학 입학 전에 딸 '미래'의 미래를 환하게 해 주고 싶어서 대대적인 성형을 감행한다. 심지어 아빠에게는 어학연수를 갔다고 숨기고 이루어진다. 아빠가 보기에는 딸이기 때문에 눈에 넣어도 아프지 않다. 무조건 슈퍼모델에 나가도 될 정도라고 자랑을 하는 딸이다. 당연히 그런 딸의 쌍꺼풀 수술 이야기만 나와도 반대를 했다. 아빠의 허락을 얻고 수술을 하기는 어렵다는 판단이 들자 엄마는 혼자 '미래'를 입원시키고 수술을 하여 대학에서부터 새로운 인생 출발을 돕는다. 드라마틱한 내용이지만 현실에서도 얼마든지 있을 수 있는 설정이다.

어렸을 때부터 '눈이 작다, 코가 낮다, 사각턱이다, 덧니를 교정해야 한다, 주걱턱이다, 뚱뚱하다'와 같은 외모 평가에 시달리고, 노골적으로 "그것도 얼굴이라고 달고 다니냐?", "무슨 근자감(근거 없는 자존감)으로 생얼(화장하지 않은 맨 얼굴)로 돌아다니냐?", "돼지 인물 보고 잡아먹느냐? 그냥 돼지라서 잡아먹는다", "얘는 누굴 닮은 건지 모르겠네(친척들이 못생겼다는 말을 할 때)"… 이런 이야기를 반복해서 듣다 보면 자신감을 가지고 공부를 하거나 일을 할 수가 없다. 일단 외모부터 손을 보고 자신감을 얻은 다음에 공부를 하면 더 잘될 것 같은 생각을 하게 된다.

게다가 엄마, 아빠도 이제 남의 일 같지 않다. 엄마, 아빠의 눈에도 딸의 외모가 객관적으로 보이기 시작하면 딸의 수술을 조심스럽게 권하기도 한다. 이래저래 보험 처리가 되지 않는 성형 수술 비용 의료비

지출이 늘어난다. 그래 얼마간의 돈을 들이고 수술 받아서 자신감 있고 더 예뻐 보인다면 무슨 일인들 못할까 싶은 집단 최면 상태에 걸리게 된다. 그러고는 성형 수술을 한 이 사람이 얼마만큼 더 예뻐지는지 수술 전후의 사진을 비교하면서 가지고 있기도 한다. 수술에 따른 비용(고통, 위험)을 잊은 채, 자연스러움을 칭찬하거나 훨씬 예쁘다고 입을 모으면서 이왕에 벌어진 일을 긍정적으로 마무리하려고 애를 쓰는 것은 아닐까?

그전에는 대체로 수능을 치른 후 석 달 정도의 시간이 있을 때, 그렇지 않으면 대학을 다니면서 방학을 이용하거나 취업을 앞두고 성형 수술을 하는 경우가 많았다. 성형 수술의 가장 호황기는 겨울방학이었다. 그런데 점점 성형 수술을 하는 나이가 낮아지고 있다. 중학교에도 심심치 않게 수술한 것 같은 붓기를 한 채, 등교하는 아이들이 늘어나고 있다.

4.

쌍꺼풀 수술하는 아이들

나는 중학교 3학년 3개 학급과 1학년을 가르치고 있다. 3학년 중에서 유독 쌍꺼풀 수술(이하 쌍수[6]로 칭함)한 것으로 보이는 아이들이 눈에 띄었다. 그래서 이야기를 청했더니 아이들의 아주 솔직한 이야기를 들을 수 있었다. 1반에 4명, 3반에 4명의 아이들이 쌍수를 이미 했다. 주로 지난해 여름방학이나 겨울방학 때 수술을 하여 1년이 되어 가는 친구들은 거의 표시가 나지 않았다. 그중에서 두 명(유리, 가희)이 나를 찾아왔다. 요즈음의 아이들은 정말 시간 내기가 어려운데 방과 후에 찾아와서 편하게 시간을 가질 수 있었다. 실명보다는 평소에 가지고 싶었던 예명으로 적어 달라고 하여 유리와 가희로 기술한다.

유리의 부모님은 딸 둘을 두었다. 유리는 언니가 있는데 대학생이고 정말 예쁘다고 한다. 유리의 눈에도 언니는 연예인 수준의 미모를 자랑한다. 그런데 유리는 어릴 때부터 언니에 비해 예쁘지 않아서 늘 비교를 당하곤 했다. 특히 언니가 "너, 지금 눈 뜨고 있는 거니, 감고 있

---

6. 성형을 목적으로 쌍꺼풀 수술을 한 눈.

는 거니?"하면서 놀리곤 했다. 여기에다 엄마도 쌍꺼풀 수술을 권했다. 사실 엄마와 언니는 무지 예쁘다고 하면서 휴대폰에 저장되어 있는 사진을 보여 주었다. 유리는 엄마와 언니라는 세상에서 가장 친밀한 두 미인을 매일 보면서 더 열등감을 느끼는 나날이었다. 마침내 유리는 용기를 내어서 지난 여름방학을 이용하여 수술을 했다. 그리고 10개월이 지났다. 유리는 원래 자신의 모습이 떠오르지 않을까 봐 걱정이 되었다. 그래서 수술 전후의 사진을 나란히 저장해 두고 있다. 그 전의 자신이 그리울 때면 사진을 본다고 한다. 특히 아빠가 가끔 "우리 딸이 아닌 것 같다"고 할 때가 제일 속상하다. 왜냐하면 아빠는 수술하기 전의 유리도 세상에서 제일 예쁘다고 수술을 반대했다. 그런 아빠 마음을 알거니와 이제는 돌아갈 수도 없고, 여전히 나는 아빠 딸이 맞는데 "우리 딸이 아닌 것 같다"는 말을 들으면 마음이 아프다. 꼭 〈내 아이디는 강남미인〉의 아빠와 딸의 모습을 연상시키는 대목이다.

　유리는 수술하기 전의 자신도 틀림없는 자신이며 수술 후의 나도 쌍꺼풀이 생겼을 뿐 똑같은 나라고 생각한다. 유리는 굳이 숨기고 싶지도 않았고 어차피 세상에 비밀은 없는 거라고 생각했다. 그런데 오랜 기간 소식도 없이 지내던 친구들이 수술 후의 사진을 보고 페이스북이나 트위터를 통해 연락을 해오는데 기분이 별로 좋지 않다. 왠지 걱정해 주는 척하는 느낌이 든다.

　"어디에서 했니?"

　"얼마나 비용이 들었니? 많이 아팠니?"

　"나도 하고 싶다…."

"옛날의 네가 더 예쁘다."

"넌 좋겠다. 부모 잘 만나서 쌍수도 해 주고…."

이런 소리까지 들으면 마음이 확 상한다. 거기에다 잘 모르는 친구거나 눈썰미 없는 친구는 오랫동안 알던 사이지만 모르는 경우도 있다. 특히 남자애들은 말해 주기 전에는 잘 모른다. 이 친구들이 오랜만에 만나서 "유리야, 너 정말 많이 예뻐졌어"라고 말하면 꼭 끼어드는 친구가 있다.

"유리 쌍수한 거, 너 몰랐니? 유리 쌍수하고 용 됐다."

이렇게 고춧가루를 확 뿌리는 여자친구들이 제일 얄밉다. 굳이 말안 해도 되는 사이에서는 쌍수했다고 광고하고 싶지 않고, 말해야 할사이라면 밝히더라도 나 스스로 이야기하고 싶지 다른 친구에 의해아웃팅당하는 건 아니라는 생각이다. 여러 사람 앞에서 '유리 쌍수했다'고 먼저 나서서 밝히는 친구가 최악이다. 말을 해도 내가 하는 거지. 부러우면 차라리 부럽다고 말을 하는 게 훨씬 낫다. 배배 꼬면서엿 먹이려는 꼼수가 훤히 보인다. 그래도 유리는 만족한다. 유리는 스스로 거울을 보아도 쌍수 후의 모습이 더 좋거니와 성형은 중독이라는 말에도 공감한다. 코가 굵어서 좀 날렵하게 되었으면 좋겠다는 생각을 했다고 한다.

가희도 쌍수를 했다. 이제 4개월 정도 지났기 때문에 아직도 붓기가 있다. 누가 보아도 쉽게 쌍수한 눈이라는 걸 알 수 있다. 앞트임까지 해서 더 표가 난다. 가희도 유리와 비슷한 경우이다. 친구들이 이중적으로 보는 시선이 참 불편하다. 부러워하면서도 인정하지 못하고깎아내리려고 하는 심보를 보기 때문이다. 수술을 하도록 허락해 주고 병원비 대주는 부모님을 부러워하고, 수술 후 달라진 모습을 보면서 또 한 번 부러워한다. 부러워하는 것까지는 견딜 수 있지만 깐죽이면서 기분을 언짢게 만드는 경우는 화가 슬슬 치밀어 오르는 걸 참아야 한다.

한창 성장기에 있는 1학년 슬기도 눈이 부어 있었다. 슬기는 아주 쿨하고 편하게 이야기를 했다. 슬기는 엄마가 쌍수를 하여 성공한 경우라고 한다. 슬기는 엄마, 아빠가 원래 쌍꺼풀이 없는 분들이다 보니 두 딸이 모두 무쌍[7]이었다. 그러다 보니 딸들에게 엄마가 쌍수를 권하기 시작했다. 엄마는 딸들이 어릴 때부터 쌍수를 해야 한다고 노래를 불렀다고 한다. 슬기는 초등학교 졸업 후에 언니와 함께 쌍수를 하게 되었다. 쌍수를 위해 병원에 가서 검사를 받았더니 슬기는 속눈썹이 눈을 찌르는 형이라서 수술을 꼭 해야만 했다. 한 살 터울의 언니도 덩달아서 수술을 했다. 두 딸이 모두 쌍수를 하게 되었는데 엄마, 아빠의 적극적인 권유와 지원을 받았다. 나는 슬기가 아직 너무 어려서 나중에 성장기를 지나고 나면 괜찮은지 물었다. 그때가 되어서 다시 수술을 해야 할지도 모른다고 의사가 말했다고 한다. 그래도 슬기는 속눈썹이 눈을 찌르지 않아서 너무 좋고 날마다 쌍꺼풀을 만드느라 풀을 붙이거나 테이프를 바르는 일을 하지 않아서 편하다고 한다. 또 눈이 자연스럽고 예쁘게 되어서 자신감이 생겼다며 활짝 웃었다.

21세기 한국 사회를 사는 여성은 초등학교를 졸업하자마자 쌍수를

---

7. 쌍꺼풀이 없는 눈을 가리켜 무쌍이라고 부른다.

1차로 한 번 하고, 성장기를 거친 후에 대학 가서 2차로 또 한 번 하는 고통을 감수하면서까지 미에 대한 욕망을 자연스럽게 받아들이고 있었다.

이 아이들의 공통점은 쌍수를 하든 안 하든 그것은 자신의 선택이라고 한다. 다만 쌍수를 이유로 그녀를 얕잡아 보지 않아야 하며 다른 사람 앞에서 '쌍수한 아이'로 다른 사람이 먼저 말하지 말기를 바란다. 어차피 트위터나 페이스북에 쌍수하기 전의 사진, 쌍수 후의 사진을 올리며 자신의 근황을 밝힌 것처럼 그전의 나도 쌍수 후의 나도 같은 나라는 사실을 알았으면 한다고 강조했다. 사람 사는 방법은 다양하다. 단지 그 방법이 모두 같을 수는 없다. 어떤 사람들은 페미니스트는 화장하지 않고 외모를 꾸미지 않는 여자, 자기주장이 강하여 이길 수 없는 무서운 여자라고 생각하는 경우도 있다. 그러나 페미니스트는 다양하다. 무지개 색깔처럼 다양하게 어우러져 있다. 성형을 하기도 하고 외모관리 차원에서 화장을 하고 멋진 의상을 갖춰 입으며 여성의 평등을 위해 자기주장을 펼치기도 한다. 남성에게 더욱 유리하도록 기울어진 경기장을 평등하게 만들려고 여러 가지 방법으로 애쓸 뿐이다.

쌍수를 하고 난 뒤에 만난 세 명의 여학생은 발랄하고 유쾌하다. 쌍수에 대해서도 매우 긍정적인 반응을 가지고 있다. 그러면서도 쌍수 전후 모두 자신임을 상기하며 자신감을 가지고 치열하게 살고자 했다. 특히 더 이상 외모 평가로 고통받는 사람들이 없기를 바라며 여성에 대하여 가혹한 외모 평가를 하지 않는 세상을 만들고자 열심히 공부할 생각이라고 했다. 특히 학교에서 외모 평가 때문에 상처받는 일이 없기를 바랐다. 이렇게 조금씩 어린 여성들도 자신의 존재에서부터 체득한 경험으로 페미니스트로 스스로 성장하고 있었다.

▶ 외모 평가(얼평, 몸평)를 들었을 때의 느낌을 말하고 그
  것이 왜 성차별적인지를 토론해 보자.

▶ 다이어트, 성형 수술, 꾸밈 노동(화장)을 하는 나이가 점
  점 어려지고 있다. 이와 관련된 에피소드를 풀어놓고 이
  야기해 보자.

6장

청소년들은
어떻게 페미니즘을 만날까?

1.
학교에서의 페미니즘 갈등

페미니즘 교육이 부재한 교실에서 페미니즘은 '욕설'이 되고, 청소년 페미니스트는 혐오의 대상으로 전락한다. 2018년 상반기를 뜨겁게 달구었던 '스쿨 미투'가 최근 트위터의 해시태그 운동 '#청소년페미가 겪는 학교폭력'으로 나타났다. 이에 대응하여 10대 청소년들의 '교실 내 성차별에 집단행동 나선 청소년들'[1] 운동은 필연적인 일이다. #청소년 페미 해시태그 운동은 학교 내에서 페미니스트 학생들에게 벌어지는 크고 작은 테러와 학교폭력을 근절해 달라는 호소이자 저항이다. 그 내용은 구체적으로 학생 대상 페미니즘 교육, 교직원 대상 페미니즘 연수를 정례화하자는 것이다. 다시 말하면 '페미니즘 교육'이 새로 등장한 '10대 여성운동'의 화두가 되었다. 이것은 페미니즘이 무엇인지를 모르고 일어나는 학교만의 독특한 여성혐오 문화를 반영한다. '페미니즘=워마드=메갈'이라는 등식으로 인터넷 공간의 교묘한 혐오 프레임이 현실적으로 일상화되는 공간이 바로 교실이며 학교이다. 청소년들은 학교에서 우리 사회에서 일어나고 있는 여성혐오 현상을 그대로 투

---

1. 2018년 7월 18일 『한겨레』, 기획연재: 미투의 미래.

영한다.

청소년들은 학교 교실에서 하루의 대부분을 보내고 있다. 그런데 학교에서는 공식적으로 페미니즘 교육을 하지 않는다. 청소년들에게 인터넷 말고는 아무도 페미니즘을 가르쳐 주지 않는다. 학교에 페미니즘 교육이 필요하다는 국민청원이 20만을 넘어서고 있으나 여전히 실제 학교현장에서는 페미니즘 교육이 활발하지 않다. 대통령이 페미니즘 교육이 학교에서 이루어져야 한다고 말했다. 그러자 교육부도 부랴부랴 페미니즘 교육을 해야 한다고 계획을 세운다. 2018년 상반기에 미투 운동과 관련하여 교육부에서 각 학교에 내려 보낸 계기교육 자료는 '평등교육'이라는 이름으로 헛다리를 짚고 있었다. 교육부조차 페미니즘 교육이 무엇을 의미하는지에 접근하지 못하고 있다는 사실을 보여 주었다.

대부분의 남성들은 페미니즘이 곧 남성 중심의 사회문화적 권력 기반을 흔든다고 생각하여 이에 저항하는 것이다. 그러다 보니 여성혐오 문화의 확산은 생각보다 더 빠르고 견고하다. 메갈리아에 의해 미러링이 있기 전부터 여성을 가리켜 된장녀, 김치녀, 맘충, 느금마, 창녀, 갈보 등 갖은 언어를 만들어 가며 여성을 비하하고 혐오했다. 그 모든 무시와 혐오 끝에 강남역 여성 살해 사건이 일어났다. 이에 메갈리아에서 미러링으로 그대로 반사하여 혐오적 말을 들으면 어떤 기분인지 알려 주어야 한다는 데 이르렀다. 된장녀, 김치녀, 맘충이라는 말을 들으며 여성들은 자신들의 행동을 성찰했고, 그런 소리 듣지 않는 사람이 되려고 애를 썼다. 그러나 이런 여성혐오적 문화를 확산하고 폭력적인 댓글을 달며 페미니즘과 페미니스트에게 적대적인 행동을 하는 남자를 가리켜 '한남'(한국 남자의 줄인 말), 나아가 '한남충'이라는 미러링을 하자 그들의 분노는 폭발하게 된다. 특히 페미니즘에 대하여 아는 정보는 인터넷을 통한 혐오적 댓글에 의존하는 수준에 머물고 있어서 더욱 그러하다.

설문조사[2]에 의하면 예상대로 성별에 따라 페미니즘 인식 격차가 뚜렷한 것으로 확인됐다. '내가 접한 페미니즘은 긍정적이다'라는 물음에 "그렇지 않다" 또는 "전혀 그렇지 않다"고 응답한 비율이 여학생은 20.4%인 데 비해 남학생은 82%에 이른다. 페미니즘 교육을 하는 교사가 있는 명륜고는 그 비율이 37.2%로 일반 남학생의 절반 이하 수준이었다. 남학생과 여학생의 인식 격차는 페미니즘을 접하는 경로에서 비롯된 것으로 분석했다. '페미니즘을 접한 경로'에 대한 질문(복수 응답)에 여학생은 1위가 책(22.2%)과 SNS(22.2%), 남학생은 언론 기사(26.4%)였다. 여학생은 온·오프라인이 조화를 이루는 반면, 남학생은 온라인에 치우쳐 있다.

학교에서 10대 청소년들이 페미니즘을 만나려면 페미니즘을 잘 아는 교사가 있어야 한다. '나는 페미니스트 교사입니다'라고 자신의 정체성을 밝히기가 어렵다. 왜냐하면 우리 사회는 페미니스트를 곱게 보지 않기 때문이다. 심지어 페미니즘 수업을 했다는 이유로 지난해 서울의 모 초등학교 최○○ 교사는 학부모에 의해 아동학대죄로 고발당하고 인터넷에서 신상이 털렸으며 온갖 악의적인 혐오 댓글에 시달렸

---

2. 2018년 8월 3일 『한겨레』.

다. 그 결과 '페미니즘 교육'이라는 언어가 공식적으로 학교 안으로 들어올 수 있었다. 언어가 가지는 의미는 매우 크다. 양성평등 교육 → 성평등 교육 → 페미니즘 교육으로 발전하고 있다. 물론 작용에는 반작용이 따르기 마련이다. 역사의 진보과정에서 볼 때에 여성들은 사회구조와 제도적인 면에서 여성을 억누르고 차별할수록 힘차게 일어나 여성 인권을 획득해 나갔다. 나아가 성적 소수자들의 인권을 위해서 연대했다. 이제는 또다시 문화적 차별, 일상에서 여성에게 가해지는 위협과 두려움에 맞서 더욱 질 높은 민주주의 사회를 위한 페미니즘 교육이 첫걸음을 시작하고 있다.

2.
학교, 안티페미니스트의 등장

우리 사회 전반으로 퍼져 나간 혐오 문화는 학교 공간에서도 메갈 논쟁이 확산되어 여성혐오적 발언이 많아지는 추세이다. 그중에는 공개적으로 반페미니즘의 입장을 표현하는 남학생 1명이 있는데, 그는 반페미니즘적 정서로 유명세를 탔다. 학교폭력 설문조사에서 많은 여학생들이 그의 발언을 문제 삼아 성희롱이라고 적어서 문제가 되었다. 일정 부분 '남성이 오히려 차별받는다'는 생각이 든다 하더라도 그것을 드러내고 여성을 비하하거나 여성혐오적 발언을 학교 수업 시간에 공개적으로 말하기는 쉬운 일이 아니다. 왜냐하면 공공연하게 여성혐오적인 자신의 생각을 드러내는 일은 많은 여성으로부터 비난받을 수 있는 위험을 감수해야 하기 때문이다. 그런데 H는 그것에 개의치 않고 논쟁하기를 즐긴다. 다음은 H가 적어 낸 글을 통해 그의 주장을 그대로 실어 본다.

2018년 6월 9일, 그러니까 이틀 전 혜화역에서 열린 페미니즘 집회[3]에 나가 보았다. 최소한 내가 여태껏 보아 왔던 과격한 페미니스트들이 아닌, 정확한 근거와 증거를 들고 말할 수 있는 이성적 페미니스트들이 있을 것이라 기대한 채로 집치에 나갔다. 그러나 웬걸, 혜화역 출구 문턱에서 나를 반긴 멘트는 '자이루'였다. 분명 여초(남혐) 사이트인 '워마드'의 인사말인 '자지 하이루'의 줄임말인 '자이루'였다. 또한 단순한 남성혐오적인 멘트를 적어 놓은 피켓들이 보였다. 그러나 어떠한 언론에서도 이를 보도하지 않았다. 페미니즘은 남성에겐 죄의식을, 여성에겐 피해의식을 주입시켜 남성 억압을 끌어낸다. 나는 그 시위를 보고 환멸감에 빠졌다.

페미니즘이나 페미니스트라는 말에 슬쩍 불편함을 표현하는 남학생이 없지는 않다. 그러나 드러내 놓고 '나는 안티페미니스트'라고 주장하기는 어렵다. 왜냐하면 또래의 여학생들이 반감을 가지기 쉽기 때문이다. 그런데 이 용감한 남학생은 학교 전체에 소문이 날 정도이다 보니 대화를 할 사람이 없는지 수차례 나를 찾아와 '편파수사 규탄집회'에 다녀온 이야기를 시작했다.

"선생님도 그 집치에 다녀오셨어요? 저는 주말에 갔다 왔어요. 혜화역 집회에 나올 정도로 강성 여자들은 사진을 찍혀도 좋다는 의미가 아닌가요? 집회에까지 나왔으면 센 여자들인데 왜 촬영도 못하게 하고 말이 안 돼요."

H는 답변도 듣지 않고 제 말만 하기 시작했다. 영웅담을 풀어놓는 기사와도 같은 열변을 토했다. H가 혜화역 2차 집회에 다녀온 것은

---

3. 집치란 여성을 김치녀로 보고 그들이 모인 집회를 비하하여 줄인 말이다.

그가 서술한 보고서에 잘 나와 있었다. 그런데도 모자라서 또 자랑을 하고 싶은 모양이다.

"집회라는 표현에 이미 너는 여성을 비하하고 있어. 그리고 분명히 그 집회에 남성들은 사양한다고, 여성들만 오라고 했고, 뜻을 함께한다는 의미로 붉은색 의상이나 모자 등을 가진 사람들이 모였는데, 너는 남성이면서 그곳에 나가는 것 자체가 여성에게는 폭력적이라는 걸 왜 인정하지 않니?"

이렇게 말했더니 답변도 하지 않고 다른 소리를 한다.

"만약에 두 남녀가 맞선을 보는 자리를 가졌어요. 그런데 남자가 자기 생각을 강하게 표현하기 위해서 탁자를 탁 치면서 억양을 바꾸고 일어났는데, 그게 왜 폭력적인 건가요? 그 여자도 맞선을 보러 왔으면 적어도 남자의 주장을 들어 주어야 하는 거 아닌가요?"

"맞선을 본다고 해서 자기주장을 폭력적인 방법으로 하는 남자의 주장을 들어 줄 의무는 없어. 맞선을 보러 왔다는 이유만으로 그런 불편을 감수해야 한다는 생각은 너무 위험해. 누구나 타인을 오해할 권리(자기 방식대로 생각할 권리)는 있지만 그 상대방은 그 오해를 풀어 주기 위하여 시간을 낭비할 의무는 없어. 처음 본 맞선 남이 탁자를 치고 억양을 높이는 상황을 참으라는 게 말이 되니? 맞선 여는 당장 그 자리를 박차고 나올 자유와 권리가 있는 거야."

H는 여성들만이 느끼는 원초적 공포와 두려움을 인정하지 못한 채 오히려 여성들이 더 강하고 드세어서 남성들만 피해를 본다고 주장한다. 남자들이 군대 가서 2년 동안 개고생하는 기간에 여자들은 화려한 스펙을 쌓고 좋은 기업에 취직하고 남자들의 일자리도 먼저 차지

한다고 주장한다. 은행 채용 비리, 공기업 채용 비리에도 명백하게 드러난 남녀 차별적 채용이나 수치로 나타나는 성차별을 아무리 보여주어도 막무가내다.

일방적으로 제 주장만 하고 있어서 더 이상 이야기하고 싶지 않으니 나가라고 해서 상황이 종료되었다. 이런 남학생들이 점점 늘어나는 것이 무서운 현실이다. H와 같이 적극적인 표현은 하지 않아도 남학생들끼리 모이면 공공연하게 여성혐오적 발언에 동조하는 남학생들이 늘어나서 갈등 상황을 키우고 있는 것이 문제다. 10여 년 전만 해도 대한민국은 안전한 나라라고 생각했다. 요즘만큼 여성혐오적 사건 사고가 일어나지 않았기 때문일 것이다. 그런데 인터넷의 발달과 그것에 많은 시간을 쏟는 사람들이 늘어나면서 급격히 여성혐오적 댓글이 일파만파로 퍼지면서 여성들은 엄청난 두려움을 느끼기 시작했다. 혐오는 폭력을 낳고 폭력은 죽음으로 이어지기 때문이다.

3.
페미 동아리의 결성

3월 어느 날, 중2가 된 여학생들 여덟 명이 페미니즘 동아리를 만들었다고 나를 찾아왔다. 점차 확장하여 중3 학생들이 결합하여 총 21명이 되었다. 그중에는 페미니스트가 되고자 하는 두 명의 남학생도 포함되어 있다.

"선생님, 저희는 페미니스트입니다. 우리가 판단하기에 선생님들 중에서 페미니스트라고 생각되는 분이 몇 분 있는 것 같아서 정말 기뻐요."

이 험난한 시대를 살면서 페미니스트로 세상을 살겠다고 의지를 다지는 모습에 나는 그만 감동하고 말았다. 왜냐하면 그냥 일반 여성으로 살기에도 너무나 힘겨운 세상에서 페미니스트로 살아가기에는 더 많은 노력이, 일상에서의 불편을 제기하고 모난 돌이 정 맞듯이 수많은 비난을 감수해야 하니까. 그 길이 보이기에 아이들이 기특하면서도 한편 안쓰럽게 느껴졌다. 현실이 그 아이들을 페미니스트가 되도록 한 거였다. 학교와 가정에서 겪는 현실감이 '바로 여성이기 때문에 참아야 하고 잘해야 하고 잘 보이려고 노력해야 했구나.' 그것이 나를 위해서가 아니라 권력을 가진 남자, 아빠나 선생님, 오빠, 사귀는 남친

등 모두 남자에게 잘 보이려고 나의 성질을 죽이고 더 많이 노력하고 더 많이 꾸미고 더 친절했던 자신의 모습, 엄마도 언니도 세상의 모든 여성들이 그렇게 사는 것 같아서 무심히 따라 했던 행동들이 어느 날 화가 나기 시작했다고 한다.

우리는 집단적으로 자기 생각을 말하는 이야기 시간을 가졌다. 페미니즘, 페미니스트가 무엇이고 어떻게 접하게 되었는지, 언제부터 그런 생각을 했는지, 이 페미니즘 동아리를 통해 하고 싶은 일은 무엇인지를 이야기해 보았다. 또 이와 관련된 개인적인 이야기가 있는지, 성장 배경이나 환경이 작용하는지를 나누게 되었다. 아이들은 너무나 자연스러웠다.

페미 동아리를 만든 아이들은 주로 트위터를 통해서 많은 정보를 접하게 되었다고 한다. 트위터 중에서도 주로 페미니즘과 관련된 이야기를 쏟아 내는 곳을 드나들며 많은 사건 사고를 만나고, 그것을 또 다른 곳으로 퍼 나르는 역할도 한다고 했다. 여기에 페미 동아리 아이들도 적극 동의하고 있었고 국민청원에도 참여했다고 한다.

최근에는 홍대 몰카 사건을 보고, 여성 피해자가 생겼을 경우에도 이토록 철저한 조사와 재발 방지를 위한 노력을 해야 한다는 것, 학교 미투 운동을 보면서 우리가 경험한 성차별적 발언이나 성폭력에 대하여 모아야겠다는 생각을 하게 되었다고 한다.

그 밖에 우리들의 성적 지향이나 차이에 대해서도 자유롭게 말할 수 있는 사회가 되기를 바라는 점, 엄마와 아빠의 관계에서 보여 주는 불평등한 모습에 대한 이야기, 남학생들의 지질한 모습(보겸을 보면서 희희낙락, 페미니즘 이라고 하면 무조건 메갈년이라고 욕부터 하는 태도,

세상 돌아가는 일에 무지한 모습 등등)에 대한 반발심이 더해지고, 무엇보다 인격적인 대우를 받을 수 있는 세상을 원하여 페미 동아리를 결성하게 되었다고 한다. 그중에서 하고 싶은 일은 페미와 관련한 독서 토론, 페미와 관련한 SNS 미디어 바로 읽기, 사소한 일상에서 성차별적인 요소 찾아내어 문제 제기하기와 적극적으로 고치기, 성차별적 발언을 들으면 즉시 대응하기, 모든 인간은 존엄하므로 어떤 이유에서든지 차별받지 않기 위해서 여성보다 더 혐오의 대상이 되는 동성애자들의 모임인 퀴어축제에 가 보기 등 아이들의 꿈은 소박하면서도 담대했다.

이렇듯 페미 동아리의 자생적인 생성과 발전은 우리 사회에서 여성혐오 사건이 일어나거나 비대칭적이고 불균형적인 사건이 일어날 때마다 민감하게 작동한다. 교사인 나보다 아이들이 더 빠르게 이야기를 하게 되는 것은 SNS 미디어 덕분이다. SNS의 힘은 참으로 가공할 위력을 가지고 있다. 그래서 이 페미 동아리 아이들이 내게 트위터를 강력히 권한다. 거기에서 자신들은 페미니즘을 알게 되었노라 하면서 말이다. 트위터에 들어오면 요즘 10대들의 페미니즘이나 영 페미니즘을 금방 알게 되고 그들의 언어에도 민감해진다고 말이다.

나는 책으로 보고, 사람들과 만나서 같이 공부하는 데 익숙한 사람이라서 망설인다. 나는 20여 년 전에 초기 단계의 페미니즘에서부터 2018년 현재의 페미니즘의 발달까지 우리는 주로 같이 집단적 학습과 이야기를 통해서 저마다 자기 언어로 정리를 하게 되었다. 자기 삶을 페미니즘 프리즘으로 들여다볼 줄 알게 되었다. 페미니즘을 공부하고 페미니스트라 자처하면서도 나도 모르게 기존의 남성 중심적 문화에 자신을 맞추고 있는 모습을 발견하고 그것을 거부하기까지 많은 시간과 노력이 필요했다.

페미 동아리 친구들은 여성 불평등에 맞서고 외모 평가에 기죽지 아니하며 일상에서 이루어지는 성적 차별 발언과 여성비하적 발언에 맞서 아름다운 세상을 만들겠다고 나섰다. 학생들은 『페미니스트 모먼트』[4]를 통해 각자 페미니즘 입수 경로를 밝혔다. 10대 학생들은 대체로 트위터나 페이스북 등 SNS를 통해서 페미니즘에 눈뜨게 되었고, 일상생활에서 여성으로서 겪는 차별과 불편이 바로 문제라는 점을 깨닫게 되거나 강남역 여성 살해 사건을 계기로 들었다. 각자에게는 각자의 스토리가 있었다. 한편으로는 학교에서 공식적으로 공부하고 싶은 열망에 동아리를 만들게 되었다고 털어놓았다. 2~3학년 여학생들이 반반인데 그들은 학년과 상관없이 페미 동아리로 만났기에 수평적 동료관계, 동지적 여성연대로 책[5]을 읽고 토론하고 여성 인권 관련 영화(《피의 연대기》, 〈파도 위의 여성들〉, 〈런던 프라이드〉, 〈헬프〉, 〈독재자〉)를 보면서 진행하기로 합의했다.

그동안 지속적으로 진행한 민주시민교육의 결과로 이루어졌다고 할 수 있다. 3·8 세계 여성의 날을 기념하여 이루어진 3차시 성평등교육과 성평등 캠페인 활동, 11월에 이어진 세계여성폭력금지를 위한 여성 투쟁의 역사교육, 미투 관련 토론수업, 난민 토론수업, 미디어 분석 수업에 영향을 받은 학생들이 페미 동아리를 만들었다. 그들은 양성평등을 넘어서 성소수자들에 대한 편견과 배제에 대하여 '아니오'라

---

4. 김권현영 외, 『페미니스트 모먼트』(그린비) 읽기 권장.
5. 최승범, 『저는 남자고 페미니스트입니다』(생각의 힘) 읽기 권장.

고 하고 싶다고 한다. 다양한 책을 읽으며 여성 인권에 접근하고자 하는 지적 욕구를 표현했다. 아무튼 소수이긴 하지만 학생들 스스로 페미 동아리를 만들고 활동하려는 의지에 기쁜 충격을 받았다. 아이들은 이렇게 주체적으로 세상에 나아가려 하고 있다.

▶ "나는 왜 페미니스트가 되었나? 또는 나는 왜 페미니스트가 되고자 하는가?"

▶ 남성은 페미니스트가 될 수 있을까?

7장

갑론을박, 토론하는 페미니즘

우리나라는 "페미니스트 대통령이 되겠다"고 선언(2017년 2월 16일, 대한민국 바로 세우기 7차 성평등 정책 발표 기조연설)한 대통령이 있는 나라이다. 그러나 페미니즘 교육이 학교교육과정 안으로 들어오지 못한 상태이다. 잘나가는 남성 정치인은 '3·8 세계 여성의 날' 즈음에는 기념식에 참여하거나 자신의 트위터를 통해서 '페미니스트'임을 자처한다. 페미니스트라면 기겁을 하던 남성들도 대통령이나 대통령 후보들을 포함한 정치인들의 그러한 선언에는 아무도 공격하지 않는다. 역시 페미니스트 남자 정도는 되어야 그나마 여성 인권 감수성이 높아서 정치적으로 성공하는 것으로 기대한다.

2018년 『한겨레』에서 기획 연재한 '미투의 미래' 기사에서 인터뷰에 응한 한 학생은 『나쁜 페미니스트』, 『페미니즘의 역사』 등을 읽고 페미니즘을 '독학'했다며 학교에서 페미니즘을 배웠으면 좋겠다고 했다. "저는 페미니즘을 독학으로 배웠기 때문에 전문가한테 물어보고 싶어요. 학교에서 배운다는 건 남자건 여자건 다 배운다는 거잖아요. 여자애들도 페미니즘을 잘 모르고 그냥 '남혐'으로 생각하는 친구가 많아요." 페미니스트마저 혐오하는 시대, 학교는 무엇을 할 것인가를 묻는다.

페미니즘 교육을 하는 교사가 있는 학교의 경우에는 다양한 책을 읽고 토론을 하기 때문에 페미니즘에 대한 부정적 인식이 덜하다. 여학생들은 20%가 부정적인 생각을 하는 반면에 남학생들은 82%가 페미니즘에 대하여 부정적일 정도로 학교에서의 페미니즘 교육이 절실[1]하다는 것을 반증하고 있다. 10대 남성문화가 오히려 더 다양성을 인정하지 않고 교실 안에서 성차별적인 문화가 확산되는 등 폭력적인 상황이 나타나고 있다. 이에 나는 '사회적 논쟁을 교실에서 논쟁하게 한다'는 민주시민교육의 원칙에 입각하여 페미니즘 수업을 전개했다. 미투 운동에 대한 토론수업, 제주도에 들어온 예멘 난민을 둘러싼 논쟁수업, 독서활동 이후 서평 쓰기를 통한 생각 나눔, 미디어 비판적 읽기를 통한 성차별 문화 요소 찾기를 통해 페미니즘 교육을 했다. 때로 학생들의 생각이나 의견을 싣는데 학생들의 이름은 모두 가명으로 하고자 한다. 왜냐하면 10대 청소년 페미니스트에 대한 공격과 차별이 이루어지고 있기 때문에 아이들을 보호하기 위함임을 미리 밝힌다.

---

1. 2018년 8월 3일 『한겨레』, '미투의 미래' 기사 중에서.

1.
미투 운동이란 무엇인가?

뉴스에 매일 오르내리는 문제는 학생들도 궁금해하기 마련이다. 사회적 논쟁을 교실에서도 논쟁하도록 하는 것이 민주시민교육의 원칙이다. 그래서 나는 수업 시간에 사회적 논쟁 문제를 교실로 가져온다. 토론수업을 하되 빈 입으로는 할 수 없다. 교사도 학생도 준비가 필요하다. 먼저 가장 핫한 사회적 논쟁이 무엇인지를 탐색하고 어떤 내용을 주재로 함께 토론할 것인가를 정하도록 했다. 2018년 봄에는 단연 으뜸이 바로 Me too(이하 미투로 기록함) 운동이다. 미투 운동에 대한 학생들의 관심은 대단했다. 먼저 자료의 조사와 지식 정보의 재구성을 나름대로 해야 한다.

내가 제시한 기본적인 과제는 몇 가지로 간단하다. 미투 운동이란 무엇인가?(개념 정리), 미투 운동의 사실 확인, 미투 운동의 전개 양상, 미투 운동을 바라보는 대립되는 두 가지의 관점, 미투 운동이 우리에게 미칠 영향, 질문 만들기, 질문에 대한 자유로운 토론, 토론 후 느낀점, 마인드맵으로 정리하기 이런 순으로 전개했다.

이때 맨땅에서 이 과정을 수행하게 하면 진행이 되질 않는다. 왜냐하면 아이들은 그야말로 아무런 기초 지식이 없는 경우가 대부분일

수도 있기 때문이다. 그래서 사회적 논쟁수업은 첨단 정보기술의 힘을 빌린다. 휴대폰을 가지고 검색을 할 수 있는 말미를 준다. 관련 책들도 안내를 해 주면서 읽어 볼 것을 권유한다. 1시간은 이렇게 정보지식 탐색과정을 가지고 모둠 질문을 만들기까지의 시간을 준다. 이 과정에서 개인적으로 만든 질문 2개를 가지고 모둠에서 각자의 질문에 대한 답변을 주고받으며 서로의 생각을 나누면서 1차적인 정리를 한다. 그러다 보면 8개의 개인 질문이 자연스럽게 1~2개의 모둠 질문으로 만들어진다. 개인 질문은 정말로 자신이 모르는 단순한 단어가 되어도 상관없다. 하지만 모둠 질문은 여러 가지의 확산적 답변이 가능한 질문으로 만들도록 안내한다. 그런 다음에 모둠 질문을 칠판에 적는다. 칠판에 적은 대표 질문을 보고 중복되는 것을 다시 재구성한다. 그러면 크게 서로 이야기를 나누어야 할 주제는 3~4가지로 압축이 된다. 토론수업에서 나온 토론 소주제는 다음과 같았다.

1. 우리는 왜 '미투'라고 하지 않고 '미투 운동'이라고 하는가?
2. 주요 언론의 기자들은 왜 미투 운동에 소극적인 자세를 보였을까?
3. 미투 운동을 지속적으로 계속해야 한다는 입장과 이제 그만하자는 입장이 있다. 각각의 입장을 내세우는 논리를 찾고 자신의 생각을 말해 보자.
4. 미투 운동을 바라보는 남성과 여성의 입장은 다르다. 그 이유를 생각해 보자.
5. 미투 운동이 우리에게 미치는 영향, 앞으로 기대되는 변화, 내

가 가지게 된 생각은 무엇인가?

토론수업의 전개과정

여학생과 남학생은 미투 운동에 대한 흥분 또는 분노가 다르게 나타났다. "요즘 가장 뜨거운 사회적 쟁점이 무엇이냐?"는 질문에 여학생들은 "미투 운동"이라는 말이 바로 나온다. 그뿐만 아니라 이 부분을 토론수업으로 해야 한다고 적극적으로 나선다. 그러나 남학생의 경우 미투 운동이 일어나고 있는지조차 모르는 학생들도 있다. 그 이유는 세상 소식에 어두운 친구들의 특징은 사회적인 뉴스는 전혀 보지 않고 오직 휴대폰으로 게임에만 몰입하는 친구들이라는 점도 드러났다.

토론수업 시간이 되어서 비로소 미투 운동이 우리 사회의 뜨거운 논쟁이라는 걸 알게 되었다. 중학교 1~2학년의 경우에 남학생들의 주요 관심사는 게임이다. 그러기 때문에 미투 운동에 대한 개념, 사실 정리, 전개 양상 등등의 사실 확인부터 필요했다.

1) 개념 정리: 미투, 또는 위드 유 / 미투 운동의 차이

'미투 또는 위드 유'의 의미: "나도, 나도, 나도 그랬어. 나도 마찬가지의 경험이 있어. 나도 그리고 우리는 당신을 지지하고 응원해"라는 긍정과 지지의 메시지이다. 사실 성폭력 피해자는 이러한 말 한마디가 힘이 된다. 그전까지는 누구에게도 말하지 못했고, 말해 보았자 피해자에게 가해진 2차, 3차 가해를 겪어야 했기에 더욱 말할 수 없었다. 이제야 비로소 말할 수 있게 된 것은 그나마 우리 사회가 민주주의 사회로 가고 있다는 반증이다. 즉 피해자의 입장, 사회적 약자의 편을 들어 주는 사람들이 늘어나기 시작했다.

그런데 '미투 또는 위드 유'와 '미투 운동'은 다르다. '미투'가 그저 지지선언이라면 미투 운동은 선언에 그치는 것이 아니라 사회운동의 성격을 띠고 질적 변화를 추구하기 때문이다. 검찰 조직 내의 동료 여검사 성폭력 고발이 일파만파로 퍼져 대학을 포함한 학계, 문단, 연극, 음악, 만화 등의 문화계와 배우, 감독 등의 연예계에서 폭풍처럼 쏟아져 나왔다. 더욱 놀라운 일은 안희정 충남도지사, 박수현 전 청와대 대변인, 정봉주 전 국회의원 등 정치인들의 성문제(성폭력, 불륜 의혹, 성추행 혐의 등)가 드러나기 시작했다. 그들의 공통점은 자기 분야에서 최고의 권력을 가진 1인자이다. 그에게 모든 사람이 고개를 숙인다. 저항할 수 없을 만큼 큰 권력을 좌지우지한다. 그것은 피해 여성들에게는 곧 생존권이다. 목줄을 쥐었다 놓았다 할 만큼의 권력을 가진 자의 횡포가 성적으로 드러나면서 성폭력으로 이어졌다. 한결같이 일단 "아니다, 무고다, 음해다, 억울하다"고 부정한다. 그러다 제2, 제3의 피해자들이 증언을 하고서야 고개를 숙인다. 그러고도 모자라 진정한 의미의 사과를 할 줄 모른다. 다만 자신의 가족들에게 가장 미안하다"는 말을 한다. 그들은 대체로 아내와 자식이 있는 사람들이다. 아내와 자식이 있는 사람이 다른 여성에게 성폭력을 행사하고는 "나는 합의라고 생각하나, 고소인은 아니라고 생각하니 미안하다"고 안희정은 말했다.

이처럼 광범위하게 일어난 권력 위계에 의한 성폭력 사건이 폭로되자 그동안 온갖 권세를 누리던 그들의 만행이 세상에 알려졌다. 범죄자들이다. 일순간에 대중에게서 버림받을 수밖에 없다. 성폭력 범죄자를 더 이상 시민들은 용납하지 않기 때문이다. 즉 아무리 유능한 사람이라 할지라도 한 여인을 짓밟은 성폭력범이라면 용서할 수 없다. 유능할수록 다른 사람의 마음을 얻어야 한다. 유능한 사람이 그 재능을 자신을 위한 욕망의 도구로만 사용한다면 그것이 얼마나 위험한지를 우리는 알게 되었다. 그래서 미투 운동은 우리 사회의 고질적인 여러 병폐를 없앨 수 있는 다양한 방법으로 확대재생산되어야 진정한 의미에서의 미투 운동이라 할 수 있다. 몇 년 전에 알려진 열정 페이라는 이름으로 최저임금도 주지 않고 대학생이나 인턴을 부려먹은 유명 패션디자이너 이상봉 등을 고발한 일과 같은 것이다. 강원랜드 채용 비리가 드러나는 일, 농협 등 금융기관의 채용 비리가 드러난 일도 이와 같은 범주라 할 수 있다.

2) 사실 확인

가. 2018년 1월 29일 JTBC 뉴스룸에는 아주 특별한 인터뷰어가 출연했다. 통영지청에 근무하는 서지현 검사였다. 그녀는 8년 전인 2010년 10월 30일 장례식장에서 안대근 간부검사로부터 성추행이 있었고, 이로 인해 인사 불이익까지 받았다고 증언했다.

나. 청주대학교 연기연극 지도교수인 조민기, 연극계의 대부 이윤택, 민족시인이라 불리던 고은, 칸 영화제에 몇 번씩 이름을 올린 영화감독 김기덕과 배우 조재현, 1980년대부터 독재정권의 허를 찌르는 촌철

살인의 만화가 박재동에 이어 정치가 안희정, 박수현, 정봉주, 대학가에서 성폭력 가해 교수로 지목된 많은 교수들이 등장했다.

다. 여성단체와 대학 내의 학생회 등에서는 미투 고발 조치를 받고 있는 상황이다. 성폭력 가해자는 모두 권력관계에서 상위에 있는 자들이었다. 뿐만 아니라 오랫동안 지속적으로 성폭력을 가해 온 것으로 드러났다. 권력관계를 이용하여 일상에서 저질러진 범죄행위로 고발되었다.

3) 미투 운동의 전개 양상

여성 인권을 보호하기 위한 노력으로 자체적인 미투 신고 접수가 이루어지기 시작했다. 뿐만 아니라 자신의 SNS에 올리기 시작해 폭발적인 참여가 이루어졌다. 또한 우리나라의 여성이라면 90% 이상이 성폭력 피해의 경험이 있을 거라는 말과 같이 미투 운동은 지속되어야 한다는 주장이 계속되고 있다. 다른 한편에서는 '이제 그만하자'는 주장이 있다. 이러다가는 모든 남자들이 성폭력범이 될 것이라고 우려하는 목소리다. 그러는 와중에 배우이자 교수였던 조민기가 자살하는 사건, 성폭력 가해 교수로 조사를 받던 한국외국어대 교수가 자살하는 사건이 일어났다. 그러자 후자를 주장하는 사람들이 탄력을 받았다. 모든 남성을 잠재적 성폭력자로 몰고 가는 미투 운동은 이제 그만해야 한다고 말이다. 이에 대한 학생들의 생각을 들어 보는 시간에 갑론을박이 더욱 거세어지기 시작했다.

4) 두런두런 학생들의 반응

학생들의 개인적인 질문은 대체로 대동소이했다. 왜 성폭력 사건이 일어날까? 왜 여성들은 적극적으로 저항하지 않았나? 그녀들은 왜 이제 성폭력 피해를 고발하는가? 성폭력이라고 하면 구체적으로 어떤 행위를 말하는가? 우리 사회는 왜 이렇게 성폭력이 많이 일어나는 것일까? 하는 것이었다.

오래된 가부장제 사회문화를 거슬러 이야기해야 하고 그 여파로 생겨난 여러 가지 사회현상들을 자기 경험에 비추어 이야기 나누어야 하는 과정이 계속되었다. 그런데 문제는 요즈음의 중학생은 실제로 학교에서나 가정에서 별로 차별을 받지 않는다고 고백했다. 오히려 남학생들이 역차별을 받는 경우가 더 많다고 하소연하는 경우도 많았다. 무거운 짐 옮기거나 폭력적인 상황에 놓이는 경우도 남학생이 더 많다고 한다. 집에서도 엄마가 아빠를 이기는 최강자라고 한다. 중학생들의 눈에 비친 일부의 모습이다.

그러자 이에 여학생들이 경험한 이야기를 한다. 죽어라고 공부하면 '여자가 독하다'고 하고, 노는 여자아이들한테는 '못생긴 게 뭘 믿고 공부를 안 하냐?'고 한다. 남자아이들이 공부를 열심히 하면 칭찬을 하며 자존감을 살려 준다. 남자아이들이 잘 놀면 잘 노는 사람은 무엇을 해도 잘한다고 기를 살려 준다. 남자아이를 볼 때와 여자아이를 볼 때의 사회적 기준이 달라진다. 특히 여학생들이 가장 많이 들은 기분 나쁜 말은 외모와 관련해 비하하는 것이었다. 그중에서도 "뚱뚱하다, 못생겼다, 견적이 안 나온다, 돼지 같다" 등의 말들이다. 이런 말은 대체로 남학생들이 더 많이 하지만 가족관계에서도 자주 듣게 된다고 한다.

5) 미투 운동이 나에게 미친 영향

아예 여성과는 담을 쌓는 펜스 룰이 등장하는 것 같아서 더 걱정이다. 미투 운동은 펜스 룰과 같은 원천적 차단이 아니다. 더욱더 평등하게 살자는 거다. _하영

성폭력인지, 나를 아껴서 하는 행동이나 말인지를 모르는 여성은 없다. 성폭력의 책임을 여성에게 전가하는 일은 없어야 한다. 여성은 피해자다. _미선

어떤 이유로도 성폭력 피해자에게 잘못을 덧씌우지 말아야 한다. 그것은 2차 가해이다. 피해자의 잘못이 아니라 성폭력 가해자의 잘못이라는 것을 명백히 하고 성폭력 가해자는 응분의 죗값을 치러야 한다. 가해자의 편을 드는 것은 곧 2차, 3차 가해라는 사실을 알아야 한다. _현희

남성 전체를 성폭력 가해자로 모는 것 같아서 기분 나쁘고 속상하다. 연애도 하기 어려울 것 같다. 헤어지고 나서 성폭력 가해자라고 하면 어쩌나 싶다. _신욱

성폭력에 대한 처벌 수준을 높여서 다시는 그런 일이 일

어나지 못하도록 해야 한다. 우리 사회에는 성폭력을 범죄로 생각하지도 않던 남성 중심 성문화가 있었다. 이제는 세상이 바뀌었다. 남성이 자기가 생각하는 대로 해석하여 성폭력을 행하면 안 된다. _동우

어떠한 이유에서든 성폭력을 해서는 안 된다는 사실, 그것은 범죄행위라는 것을 알게 되었다. 여성은 아무리 똑똑하고 공부를 잘하고 출세를 한 검사마저도 자신의 몸을 지키기 어렵다는 사실이다. 누구나 성적 피해자가 될 수 있다. _기섭

사람에 의해서 가장 상처받는 일인 성폭력이 다시는 일어나지 않도록 하는 문화가 확산되기를 바란다. _다은

여성도 언제든지 마음 놓고 길을 다닐 수 있는 안전사회가 되기를 바란다. _소희

성폭력 피해 사실을 알게 되면 피해자를 '네 잘못이 아니야'라고 하며 적극적으로 도와주어야 한다. _채린

높은 자리에 있는 남자가 자기보다 낮은 위치에 있는 여자에게 행하는 성폭력은 더 나쁜 것 같다. 갑질 중의 최갑질이다. _은영

6) 사회적 공감대: 네 잘못이 아니야

서지현 검사의 용기 있는 고백은 한국 사회를 성폭력으로부터 안전한 사회를 만들어야 한다는 뜨거운 호응으로 일파만파 번져 나갔다. 서지현 검사의 고통에 찬 피해 경험은 우리 사회가 얼마나 남성 중심적이고 야만적인가를 그대로 드러내었다.

소위 검사란 어떤 사람인가? 국가권력을 대신하여 범죄자를 기소하고 응분의 대가를 받도록 하는 사람이다. 우리 일반 시민들은 살다가 운이 없어서 억울한 일을 만나 범죄의 피해자가 되었을 때 검찰조직이 나서서 가해자를 징치한다고 믿고 있었다. 또한 검사는 누구나 될 수 있는 그런 사람이 아니다. 자타가 공인하는 우리나라 최고의 엘리트 계급이다. 그런 곳에서 동료 검사를 성추행하고 인사상 불이익을 주고, 그 밖에 입에 담지 못할 언어적 성희롱을 가했다. 그런 가해자는 승승장구하여 출세하고, 피해를 입은 여성 검사에게는 오히려 꽃뱀이라는 오명을 덧씌우는 조직이 바로 대한민국의 검사조직이라는 사실이 만천하에 공개되었다.

이 사건은 그날 이후, 수많은 여성들에게 용기를 주었다. 특히 직접적인 성폭력, 성추행을 당하고도 누구에게도 드러내지 못한 채 살아가고 있던 여성들에게 힘이 되었다. '그래, 검사도 성폭력을 당하는 사회에서 누군들 당하지 않고 살아갈 수 있는가? 이것은 내 잘못이 아니야. 성폭력 가해가가 범죄자인 것을 드러내야 해'라는 생각에 이른 것이다.

안 그래도 2016년, 강남역에서 일어난 '묻지 마, 여성 살해 사건' 이후 여성들은 누구나 공포를 느끼고 있었다. 강남역에서 처참하게 살해된 여성은 누구나 될 수 있는 불특정 다수에 속하기 때문이다. 그나마 집에서는 고이 자란 딸들이 바깥에 나서는 순간부터 위험이 도사리고 있다는 것은 누구나 알고 있던 터이다. 다만 그것이 개인적인 일이 아니라 우리 사회 전체의 위험이며, 여성혐오에 의해 드러나는 일이라는 데 공감하기에 이른 것이다. 여성혐오가 무서운 이유[2]는 그것이 곧 여성에 대한 폭력으로 드러나고 마침내 여성을 살해하게 되는 지경에 이르기 때문이다. 그 피해자는 여성이라는 이유만으로 누구나 될 수 있다. 이제는 여기에서 멈추도록 성폭력에 대한 강력한 사회적 제재가 있어야 할 때이다.

---

2. 고정갑희, "지금, 여기, 우리의 페미니즘" 2018년 4월 5일 희망샘 도서관 '목요일의 페미니즘' 강연 중에서.

2.
난민을 향한 위험한 시선, 잠재적 성폭력 범죄자

2014년 9월부터 본격적으로 진행된 예멘 내전은 아라비아 반도의 여러 나라와 이란까지 개입하면서 국제적인 양상을 나타낸다. 그러다 2018년 6월, "대한민국 제주도에 예멘 피난민 560여 명이 난민 지위 신청"을 등록하면서 엄청난 파장이 예상되고 있다. 난민 지위 인정률을 보면 우리나라는 OECD 국가 중 가장 낮은 4%를 보이고 있다. 갑자기 500명이 넘는 신청자와 앞으로 얼마나 더 올지도 모른다는 불안감이 휩쓸면서 우리 사회는 갈등 속으로 휩쓸렸다.

이러한 난민 문제에 대해 동료 교사들과 이야기하는 시간을 갖게 되었다. 이 과정에서 나는 한나 아렌트가 말한 '악의 평범성'이 우리에게도 있다는 것을 알 수 있었다. 그녀는 평소에 학교에서 일 잘하기로 신뢰가 깊고 인격적인 면에서도 매우 훌륭한 분이다. 특히 우리 사회의 가부장적인 사고방식에 반기를 들며 문제점을 지적하는 사람이었다. 나와는 진보적인 사안을 두고 말이 통하는 몇 안 되는 동료이다. 그런데 난민 문제에 대해서는 그의 의사는 단호했다.

"제주도에 들어온 예멘 난민이 대부분이 20~40대의 젊은 남성이라는데 절대 수용하면 안 됩니다. 이 사람들이 젊은 혈기에 성폭력 사건이 생길 터이고 우리나라 여성들이 위험해집니다."

"그러면 반반 정도로 남녀 성비가 비슷하거나 가족 단위로 들어왔다면 수용해도 되나요?"

"만약 20대의 젊은 여성이 대부분이라면 생각할 수 있을 것 같아요. 왜냐하면 어차피 많은 나라에서 결혼 이주여성들이 우리나라에 들어오니까 우리나라 남자들하고 결혼하고 아이 낳고 산다면 난민 수용 문제에 조금은 긍정적이 될 것 같아요."

난민 문제에 대하여 정부에서도 명백한 입장을 내지 못한 채, 이를 반대하는 사람들은 거듭 난민 추방을 외치며 청와대 청원[3]까지 71만 명이 넘도록 한 추세이다. 심지어 유튜브에는 제주도에 들어온 예멘 난민들은 이미 잠재적 성폭력범으로 당장 추방해야 한다는 강경 입장의 동영상이 가득하다. 객관적이고 사실을 보도하는 것은 뉴스 정도에 불과하며 우호적 입장을 가진 유튜브를 찾기란 쉽지 않을 정도이다.

이를 정보탐색 과정을 거치며 논쟁수업을 진행했다. 과연 학생들은 어떤 생각을 하고 있을까? 사회적으로 가장 쟁점이 된 제주도에 들어

---

3. 2018년 7월 15일 기준, 제2차 난민반대집회.

온 예멘 난민 신청자들에 대한 정보를 탐색하고, 자신의 생각을 근거를 들어서 적어 보기로 했다. 그 결과 32명의 학생 중에서 난민 수용 입장을 보인 학생은 4명이며 나머지 28명은 난민 추방 입장을 드러내었다. 그나마 4명이 난민 수용을 해야 한다고 주장하는 학생이 있다는 사실이 신기할 정도였다. 그들은 전쟁이 일어난 조국에서 겨우 도망쳐 나온 난민들에 대한 인도주의적 관점에서 도덕적 수용, 출산율 증가, 국가 이미지 제고 등을 그 이유로 내세우고 있었다.

반면에 당장 난민들을 제주도에서 추방해야 한다는 입장을 표명한 90%의 학생들은 그 이유가 어른들이 생각하는 입장과 대동소이했다. 그들은 예멘 난민들을 잠재적 성폭력범으로 여기고 있었다. 만약 그들에게 난민 지위를 준다면 이 낯선 남성들은 여성을 하등 인간으로 여기는 이슬람 관습상 제주도에 성범죄가 난무할 것이라고 예측했다. 뿐만 아니라 이번에 난민들에게 우리나라가 개방되면 걷잡을 수 없을 정도로 난민들이 들어와 난민 천국이 될 것이라 우려했다. 즉 몰려온 난민들에 의하여 우리나라 여성들은 속수무책으로 당할 것이라는 걸 가장 주된 이유를 들었다. 그러나 더 이상 제주도로 난민들이 무한정 몰려올 수 없도록 법무부에서 무비자 입국을 막았다. 국가의 도덕적 딜레마라고 할 사안이라 섣부른 판단을 내리기가 어렵다고 한다.

학생들은 어른들의 생각과 같은 이유로 걱정이 앞서고 있었다. 제주도에 온 난민 중 남성이 절대다수이기 때문에 하게 되는 걱정은 성범죄였다. 우리나라 여성은 우리나라 남성의 여자라는 인식이 공고하게 자리 잡고 있었다. 반면에 난민이 여성이 절대다수라면 그들은 우리나라 남성의 여자가 될 수 있다는 가능성이 있기에 반대하지 않는 이중

성을 보였다.

한편 중3 교실에서는 훨씬 더 진지하게 질의응답이 이루어졌고, 난민 지위를 부여하자는 의견도 한 반에서 6~7명에 이르렀다. 그들은 우리나라도 일제 강점기에 일제의 강제징집을 피하여 많은 청년들이 만주, 연해주, 사할린 등으로 자발적으로 이주하여 난민이 되었다. 다행히 해방 이후 돌아온 사람들도 있고, 지금껏 돌아오지 못한 채 디아스포라의 지위를 가진 사람들도 있다. 또 해방 전후와 6·25까지 이데올로기에 휩쓸려 제3국을 선택하여 난민 지위를 얻어서 떠난 사람들도 많다. 특히 일제 강점기 시절의 독립투사들은 상해 임시정부를 세우고 그곳을 거점으로 삼아 항일운동을 할 수 있었다. 이렇게 우리도 국제사회의 도움으로 여기까지 왔는데, 우리나라도 이제는 국제사회의 일원으로 전쟁 난민에 대한 부담을 나누어 질 때가 되었으며, 무엇보다 난민들의 생존권적 차원에서 적극적인 지원이 필요하다고 주장했다.

또 다른 의견으로는 인도적 차원에서 체류를 허용하자는 의견이 8~10명 정도 되었다. 난민 지위를 부여하여 영구히 우리나라에서 살수 있도록 하는 데는 주저하지만 인도적 차원에서 그들을 수용하여 체류하는 것 정도는 해야 한다는 입장이다. 그러나 이 경우 난민들에게 가해지는 차별적 시선, 혐오 대상자가 되는 것을 어떻게 막을 것인가 하는 문제가 있다. 그 외 다른 의견으로 나머지 6명 정도는 당장 추방을 하자는 주장이다. 예멘 난민은 테러리스트이거나 범죄 조직일 가능성을 배제할 수 없으므로 당장 추방해야 한다고 주장했으며, 나머지 몇몇은 의견을 내지 못하는 상황이다. 날이 갈수록 첨예화되는 사안으로 난민 추방을 주장하는 측에서는 '국민안전이 먼저'라고 외치며 난민법을 폐지하라고 요구한다. 통 큰 합의와 결정이 필요한 시점이다. 때로 인간의 생명을 담보로 하는 일은 다수의 목소리에 좌우되어서도 안 되며 인간의 존엄성을 최우선으로 고려해야 할 것이다. 사회적 쟁점을 토론하는 시간은 언제나 뜨겁게 달구어지기 마련이다. 왜냐하면 자기의 생각을 만들어 가는 과정이기 때문이다. 그러나 여기에서 불편한 것은 남성 난민들에 대한 두려움이다. '건강한 젊은 남성은 성범죄자가 될 것이다'라는 시선은 남성 모두를 그렇게 보는 것과 동일하다. 젊은 남성의 성욕은 어쩔 수 없이 분출되기 마련이므로 성범죄까지 가능하다고 보는 편견이다.

예멘 난민문제에 대한 부정적 시각을 가지는 이유는 바로 그들이 건장한 젊은 남성이라는 부분이었다. '젊은 남자의 성욕은 참을 수 없고 분출되어야 하므로 제주도의 여성들을 강간하게 될 것이다'라는 위기의식과 그 맥을 같이하고 있었다. 예멘 난민을 잠재적 성범죄자로 보는 성인들의 주장과 다르지 않았다.

예멘 난민에 대한 논쟁수업이 페미니즘 교육으로 확산되었다. 그 이유는 페미니즘 입장에서 난민은 정치, 사회, 경제적 약자이며 급박한 생존권을 보장해야 한다는 인권적 페미니즘 관점에서의 구호를 요청하기 때문이다. 페미니즘은 여성 인권만이 아니라 사회적 약자와 연대하는 사회 실천적 운동이다. 국제사회에서는 난민 중에서 남성보다는 여성 난민이 겪는 이중 삼중의 고통을 이해하고 그들의 삶을 지원하는 연대활동[4]을 전개하기도 한다.

▶ 미투 운동이 우리 사회 또는 학교문화에 끼친 영향에 대하여 이야기해 보자.

▶ 예멘 난민을 둘러싼 성차별적인 시선을 비판해 보자.

4. 유엔난민기구, 2018 여름, 통권 29호 '여성 난민과 자립'.

8장

책으로 만나는 생각 성장 페미니즘

사회시간에 진행한 수행평가 중 하나가 독서활동과 서평쓰기이다. 30여 권의 책을 추천해 준 후에 선택하여 읽고 서평을 통해 함께 토론하고 싶은 주제를 제시하고 자신의 삶과 연계하여 이야기하는 형식이다. 그중에서 2018년을 뜨겁게 달군 이슈의 하나였던 #me too, #with you, #Us together와 관련하여 급성장한 학생들의 목소리를 들을 수 있었다. 같은 책을 읽어도 학생마다 다른 관점에서 다른 이야기를 전개하고 있었다. 의도하지 않았음에도 불구하고 얻을 수 있었던 성과는 페미니즘 관련 책이 아니어도 페미니즘적 요소를 읽어 내는 학생들의 성장 능력을 확인했다는 점이다. 페미니즘과 관련된 책은 『우리에겐 언어가 필요하다』, 『나에 관한 연구』였고, 나머지 『불편해도 괜찮아』, 『인권과 소수자 이야기』는 일반적이고 보편적인 인문학 서적이다. 이렇게 일반 인문학 책을 읽고 여성주의 입장을 들여다볼 수 있었던 것은 우리 사회에서 거세게 일어난 미투 운동으로 페미니즘에 대한 관심이 자연스럽게 학생들에게 전달되었기 때문일 것이다. 이에 학생들이 쓴 몇 편의 서평을 읽고 이와 관련한 중학생 페미니스트의 소리를 들어 보자. 같은 책이어도 배우고 느끼는 점은 조금씩 다르다.

1-1.
『우리에겐 언어가 필요하다』[1]

송○○(남, 중3)

나는 남성이기 때문에 사실 여성이 겪어야 하는 여러 가지 차별에 대하여 잘 알지 못했다. 내가 읽은 『우리에겐 언어가 필요하다』라는 책은 여성들이 겪는 차별을 주제로 일어나는 여러 가지 이야기를 다룬 책이다. 대체로 여성들은 누가 봐도 몰상식한 일을 겪거나 명백한 언어폭력에도 대꾸하지 못하는 상황이 답답했는데, 이 책은 페미니즘 이론 공부에 앞서 그 말에 대한 확실한 대답을 할 수 있도록 알려주고 있다. 여성혐오에 대하여 자세히 말하고 있기도 한데 객관적이고 올바른 시선으로 "여성혐오"라는 단어를 설명해 주고 있다. 페미니즘에 대하여 좋지 못한 시선을 가지고 있는 사람과 대화할 때 끝까지 내세워야 하는 자세나 생각 등을 매뉴얼처럼 내놓으며 예상할 수 있는 사례에 응대하는 구체적인 방법이 매우 인상적이다.

나는 남자라는 입장과 존재로 살아가기 때문에 우리 사회의 남성적인 문화에 빠지기 쉽다. 그러다 보면 여성들이 겪는 일상적인 차별에 대하여 무관심하거나 모르고 지내기 쉬운 상남자가 될 위험이 있

---

1. 이민경, 2016, 봄알람.

을 것이다. 늘 남성에 비해 차별을 겪는 여성의 입장을 생각할 줄 아는 그런 사람이 되어야겠다고 생각한다. 남자가 아무 생각 없이 또는 약간의 악의적 의도(여성을 놀리거나 얕잡아 보는 언어나 행동)가 들어가는 말이나 행동이 여성에게 큰 상처가 될 수 있다는 것을 알게 되었다. 따라서 이 책은 남녀 누구나 읽고 서로 상처를 주거나 받지 않도록 했으면 좋겠다는 생각을 했다. 특히 '상대방의 입장을 가늠해 보자'는 문구가 인상 깊었다. 왜냐하면 상대방의 입장을 알아야 성차별이 존재한다는 것도 인정할 수 있고 이것이 사라져야 한다는 주장과 입장을 알 수 있기 때문이다.

나는 페미니즘을 좀 더 공부하고 싶다. 왜냐하면 살아가면서 굳이 여자를 싫어할 이유가 없거니와 서로 존중하면서 살고 싶기 때문이다. 또 모든 남성도 여성에게서 나온 존재들이다. 여성과 더불어 가정을 가지고 자녀를 낳아서 기를 것이다. 여성 없이 아무것도 할 수 없는 존재가 남성이다. 그런데 여성을 혐오하고 비하해서 남성에게 이익이 무엇인가? 내 친구들 중에 여성비하 발언을 하는 친구가 있다. 그 친구가 여성비하 발언을 했을 때, 나는 기분이 별로 좋지 않았다. 그는 여성을 과일 그림으로 표현하며 여성의 몸을 설명했다. 나는 그것을 보고 어이가 없었고 이상한 논리라고 생각했으나, 페미니즘을 잘 몰라서 적극적인 반박을 하지 못했다. 더 많은 사람들이 페미니즘 공부를 해서 여성혐오 발언을 하는 사람들에게 적극적인 대응을 했으면 좋겠다.

1-2.
『우리에겐 언어가 필요하다』

양○○ (여, 중3)

　내가 지금까지 들어 온 여성혐오 발언이 너무나 많기 때문에 이 책을 보는 순간 머릿속이 하얗게 되는 기분이 들었다. 그동안의 잡다한 지식을 모두 들어내고 페미니즘에 관한 지식으로 새롭게 채우고 싶은 욕망이 타올랐다. 지금도 내 주변에는 스스로를 안티페미니즘이라고 밝히는 사람들이 있다. 또 자신도 모르게 여성혐오적 발언이나 행동을 저지르고 있는 사람들이 있다. 그들의 그러한 한마디가 기재되어 있고, 그에 대한 논리적 반박과 대답해 주는 여성들이 가져야 할 자세는 얼마나 통쾌한지를 경험했다. 여성들이 구체적인 상황에서 구체적으로 어떻게 반박해야 할지 알려 주고 있는 부분이 마음에 들었는데, 우리 학교만 해도 그렇다. '창녀'라는 말을 욕으로 뱉고 다닌다던가, 혹은 여성의 성기를 비하하는 식으로 말하는 친구들이 꽤 있어서 그런 소리가 여기저기에서 들린다. '여자애 방이 그게 뭐냐', '여자애처럼 조신하게 하고 다녀라' 같은 편견적인 말을 여성혐오인 줄도 모르고 뱉는 어른들도 있다. 여성들 중에서도 자신도 모르게 성차별적 발언을 하는 사람이 많다.

　요즘은 여성혐오 범죄도 일어나고 있다. 신체적인 조건상 물리적인 힘이 약한 여성이라는 이유로 살해당하는 페미사이드[2] 사회이다. 성차별주의자보다 '페미니스트'가 먼저 매장당하는 이 사회는 과연 옳을까? 나는 여성혐오적 말들을 들을 때마다 불편하다. 그런 언행을 스스럼없이 하는 사람들에게 그건 좀 아닌 것 같다고 이야기해도 다음에 또 충고를 잊고 다시 하는 경우가 많다는 것이 답답하다. 그렇기 때문에 사람들이 페미니즘을 무작정 여성우월주의라고 편견을 가지지 말고, 페미니즘을 알려는 시도라도 할 수 있었으면 좋겠다고 생각한다. 페미니즘의 사전적 정의는 '여성의 권리 및 기회의 평등을 핵심으로 하는 사회·정치적 운동과 이론들을 아우르는 용어'이다. 반페미스니트들이 주장하는 '여성우월주의'가 아니다. 이 책은 페미니즘을 처음 접하는 사람들에게는 알맞지 않을 수 있지만 본능적으로 '이런 언행은 불편하다'고 느끼는 여성들과 남성들에게는 페미니즘을 처음 접해 보더라도 추천하고 싶다. 그리고 마지막으로, 부디 이 세상이 성별로 인해 불편해지지 않는 사회가 될 수 있기를 간절히 바란다.

---

2. 여성이라는 이유로 살해당하는 현상. 여성이라는 이유로 살해당하거나 여성에 대한 폭력과 억압의 연장선에서 살해된 경우를 지칭한다. 1976년 여성학자 다이애나 E. H. 러셀이 제1차 국제 여성대상범죄 재판위원회에서 공식적으로 사용하면서 알려졌다.

2-1.
『인권과 소수자 이야기』[3]

배○○(여, 중3)

저는 이 책에 나오는 다양한 소수자들, 즉 사회적 약자 중에서 성소수자에 대해 이야기하겠습니다. 저는 초등학교 4학년 때까지 동성애를 모르고 있었습니다. 후에 그 존재를 알고 처음에는 나와는 관계없는 이야기라고 생각하고 넘어갔습니다. 하지만 점점 크면서 동성애에 관한 이야기가 주변을 맴돌면서 저는 점점 흥미를 가졌습니다. 그래서 무엇이든 알고 있는 만능 인터넷에서 찾아보았습니다. 처음에는 살짝 싫어했지만 인간은 적응의 동물이라고 저도 적응을 해 버렸네요. 그렇게 찾아보면서 내가 몰랐던 부분을 알게 되고 동성애도 이성애와 별다를 것 없다는 생각이 들었습니다. 동성애든 이성애든 똑같이 사랑하니 그렇게 되는 것이 아닌가요? 그래서 저는 현재 동성애자들을 응원하는 쪽이 되었습니다.

과거로 거슬러 올라가 보면 계급이 존재하던 신분사회에서는 신분의 차이 때문에 서로 사랑하더라도 이루어질 수 없는 사랑이라 하여 애달픈 이야기가 더러 있습니다. 그런데 현대 민주주의사회에서도 여

---

3. 박경태, 2007, 책세상.

전혀 자유롭지 못할뿐더러 동성애자라고 밝힐 수도 없는 상황입니다. 왜냐하면 동성애자에 대한 극도의 혐오 때문에 커밍아웃하는 순간 모든 것을 잃어버릴 수도 있기 때문입니다. 지금은 신분에 상관없이 자유롭게 사랑을 하는 세상이라고 해도 동성끼리는 사랑을 하면 "안 돼!"라고 하는 세상입니다. 타고난 성적 취향이 대부분은 이성애자라고 합니다. 그러나 더러는 동성애자이고 더러는 무성애자도 있습니다. 성적 취향이 나와 다르다고 해서 공격하거나 죄의 원천으로 몰아가는 것은 매우 위험한 혐오에서 나오는 무례한 태도입니다.

사회에는 다양한 사람들이 살고 있고, 그중에는 사회적 소수자로서 장애인, 가난한 사람, 무지한 사람, 인종차별로 고통받는 사람, 동성애자, 그러면서 이 모든 약자의 몫이 중복된 여성인 경우가 있습니다. 가장 낮은 곳에는 이러한 중첩적인 조건을 모두 가지고 있는 여성입니다. 그럼에도 불구하고 인간이기 때문에 마땅히 존중받고 인간으로서 존엄과 가치를 가지고 살아갈 권리가 있습니다. 저는 모든 사람의 사랑, 그것이 이성애든 동성애든 상관없이 사랑이라고 받아들이고 사람들의 사랑의 자유가 완전히 보장되는 그런 사회가 되기를 바랍니다.

2-2.
『인권과 소수자 이야기』

구○○(여, 중3)

인권이 존중되느냐, 아니면 소수자에 대한 차별이 있느냐의 문제는 누구를 기준으로 생각하는지, 누가 그 사회의 권력을 가지고 지배력을 행사하는지에 따라서 달라진다. 일반적으로 소수자라 하면 인종적으로는 백인에 비해 유색인종, 한 나라 안에서 다수를 차지하거나 권력을 장악한 민족에 비해 소수를 점하는 경우를 말한다. 남성에 비해 여성, 비장애인에 비하여 장애인, 청장년에 비하여 노인이나 어린이, 부자에 비하여 빈민, 징병제 국가에서의 양심적 병역 거부자, 성적 소수자 등을 말한다. 이러한 사회적 소수자는 기존의 질서에서 힘이 없고 살아가면서 여러 가지 편견과 차별을 겪는 사람들이다. '소수자란 도대체 누구인가'라는 기본적인 개념부터 인종주의와 민족주의 등의 역사적인 소수자 차별 구조를 알아보고, 소수와 다수의 개념을 넘어서 인권이 자유롭게 보장되는 사회를 만들려면 어떻게 해야 하는지를 배우는 데 집중할 수 있었다.

'그러나 현실이 반드시 이념에 맞추어 변화해 가는 것이 아니듯 새로운 기준에 기초한 다양한 차별이 여전히 남아 있다'라는 문구가 인상적이었다. 현대사회는 어느 나라든지 간에 민주주의 국가를 지향한다. 또 시민들은 민주사회를 지향하고 더 질 높은 민주주의를 이루기 위해 노력한다. 그럼에도 불구하고 요즈음에도 조금 완화되기는 했지만 여성에 대한 차별, 성소수자에 대한 차별, 인종, 민족, 장애, 직업, 빈부, 학력, 외모, 지위 등 새로운 기준에 기초한 차별이 아직까지 남아 있다. 이러한 것들은 앞으로도 기준이 바뀌면서 또 다른 차별이 계속 생겨날 거라는 생각이 들어서 씁쓸하기까지 하다.

이 책을 통해 나는 사회적 소수자들의 인권에 대한 개념들을 다시 한 번 정리할 수 있었다. 요즈음 인터넷이나 주변을 보면 소수자들에 대한 배타적인 의견이나 혐오적 발언이 쏟아져 나오고 있다. 내 주변에도 성별(성 정체성)에 대한 혐오와 차별, 즉 성소수자들의 관계를 우리 주변에 흔히 있는 시스 젠더(여성과 남성으로 이루어진 커플)처럼 평범하게 받아들여야 하는데, 그들의 성 정체성을 '병'으로 취급하고 그에 대한 혐오적이고 차별적 발언을 하는가 하면 굳이 성을 여성과 남성으로 이분법적으로 구분하여 성 소수자들의 존재를 부인하려고 한다. '여성은 더 여성스럽게, 남성은 더 남성답게'라는 것은 사람들이 만들어 내는 인권침해의 대표적 사례이다. 한 사람의 큰 우주 안에는 여성성과 남성성 모두의 다양한 스펙트럼을 가지고 있다. 사람을 볼 때 언제나 그 기준은 '모든 사람은 인간으로서 존엄성을 지니고 인간답게 살아갈 권리가 있다'라는 데 초점을 두고 나부터 사람을 있는 그대로 존중하는 인권적인 사람이 되려고 노력해야 할 것이다.

3-1.
『불편해도 괜찮아』

이○○(여, 중3)

이 책은 청소년, 여성, 성소수자, 장애인, 노동자, 종교와 양심에 따른 병역거부, 검열과 표현의 자유, 인종차별(제노사이드)에 대한 이야기를 다루고 있다. 그중에서 나를 특별히 사로잡은 파트는 '여성과 폭력' 부분이었다. 저자인 김두식 선생님은 이렇게 말한다.

"제가 전 세계 드라마를 모두 구해 본 것은 아니지만, 드라마 속 연인들이 사랑과 분노를 표현하는 방식으로 따귀를 때리는 나라는 아마도 우리나라일 겁니다"라는 이 문구를 읽고 나는 깜짝 놀랐다. 실제로 영화나 드라마처럼 우리가 실생활에서 흔히 접하고 쉽게 따라 할 수 있는 미디어에서 한두 번은 꼭 폭력이 나오는 것 같다. 다만 나는 그걸 심각하게 여기지 않거나 혹은 아예 신경을 쓰지 않았다. 나는 어쩌면 은연중에 사랑하는 연인이나 부부 사이에서 갈등이 생기면 폭력적인 상황이 발생하는 것을 당연하게 여기고 있었는지도 모를 만큼 폭력에 익숙해져 있었던 것 같다. 그러던 내가 이 문구를 읽는 순간 주마등처럼 스쳐 가는 장면들이 있었다. 할리우드 영화를 비롯하여

---

4. 김두식, 2009, 창작과비평사.

다른 나라의 영화나 드라마에서는 따귀를 때리는 장면을 본 기억이 없었는데, 우리나라에서는 너무 많은 빈도로 사람을 때리거나 물건을 집어던지는 것과 같은 공포스러운 폭력 상황이 떠올랐다. 그러면서 나는 어쩌면 우리 사회문화가 폭력을 너무 당연하게 받아들이고 있다는 생각이 들었다. 아무 비판 없이 바라본 상황들이 "따귀를 때리는 것이 과연 사랑의 표현이 될 수 있을까? 사랑이라는 이름으로 폭력을 미화시키거나 합리화하는 것"이라는 생각이 들었다.

나는 이 책에서 여성에 관한 파트를 가장 흥미롭게 보고 여운도 많이 남았는데, 그 이유는 내가 여성이기도 하고, 현재 우리 사회에서 자주 논란이 되어 접하는 일들이 많아서인 것 같다. 최근에 있었던 '미투 운동', 그리고 또 논란이 되고 있는 페미니즘이 그 예인데, 솔직히 나는 페미니즘이 정확히 무엇인지도 몰랐다. 하지만 이 책을 읽고서 페미니즘은 여성의 권리 및 기회의 평등을 핵심으로 하는 여러 형태의 사회적, 정치적 운동과 이론을 다루는 용어임을 알게 되었고, 더불어 포스트 페미니즘이 무엇인지 그리고 페미니즘과 포스트 페미니즘은 내부의 세대 차이를 보여 주고 있다는 것도 알게 되었다.

나는 요즘 여성이 많이 존중되고 있다고 생각했는데, 그런 나의 생각이 바뀌게 된 계기도 바로 이 책 때문이다. 아직도 우리가 사는 사회에서는 명절 내내 부엌을 지키는 어머니와 며느리가 당연하게 생각되고 그들의 노동도 당연시 여겨지며, 남편은 주방에 잠깐만 기웃거려도 좋은 남편이 된다. 이런 사회에 뿌리박힌 고정관념이 빨리 없어지길 바란다.

나는 이 책을 읽고 요즘 여성인권운동에는 어떤 것들이 있는지 찾아보게 되었다. 찾아본 결과, 최근 우리나라에서는 여성들이 '탈코르셋'이라는 운동을 하고 있는데, 이 운동은 '여성스럽다'라는 사회적 정의를 거부하는 내용을 담고 있으며, 짙은 화장과 긴 생머리 등 남성이 여성에게 여자다움이라는 이름으로 원하는 여자다운 의상을 벗는 운동이다. 이 운동에 대한 기사를 읽고 나도 '여성스럽다'라는 말에 대해 다시 한 번 생각하게 되었는데, 그것은 여성을 '여성스럽다'라는 용어 안에 가두어 두고자 하는 남성 중심의 사고방식에 갇혀서 지내게 하려는 문화적 논리라는 점을 알게 되었다. 이러한 지점에 온몸으로 저항하는 것이 바로 '탈코르셋'과 같은 강력한 운동이라는 것도 알게 되었다. 내가 '탈코르셋' 운동에 참여할 만큼 용감하지는 않지만 이 운동에 참여하는 언니들이 너무나 용감한 여성이라는 것을 알게 되었다. 학교에서 흔히 듣게 되는 "여학생이 조신해야지", "여자애가 얌전해야지", "여자는 너무 똑똑하면 부담스럽지"라면서 여학생에게 가해지는 압력도 남성 중심의 가부장적 문화를 계속 이어 가려는 의도이다. 그런데 우리는 여기에 적극 합류했다는 생각이 들어 부끄러운 마음이 들었다.

3-2.
『불편해도 괜찮아』

최○○(남, 중3)

이 책을 읽고 나는 자신을 돌아보는 계기가 되었다. 지은이는 재미있게도 청소년기의 반항을 이야기하여 위로가 되었다. 그중에서 가장 나를 안심시킨 말은 '사람은 누구나 지랄 총량의 법칙이 있다'는 주장이다. 즉 지금 온순하거나 친절한 아이지만 언제 그 지랄이 터지면 할 만큼 다해야 다시 온순한 아이로 돌아온다는 거다. 그러니까 사람은 인생을 사는 동안 써야 하는 지랄의 양이 있고 그 대부분을 사춘기에 사용한다고 말이다. 요즘 나 자신도 주체하지 못하는 화, 짜증, 분노 이런 것들을 두고 하는 말인 것 같아서 안심이 되기까지 했다.

그다음에는 '호모포비아'라는 언어를 생각하게 되었다. '호모포비아'라는 말은 일상생활에서 흔하게 듣는 말은 아니지만 동성애, 동성애자에 대한 혐오와 차별을 일컫는 말로 동성애 혐오증이라고도 한다. 나는 교회를 다니며 자연스럽게 호모포비아가 되어 있었다. 그러나 이 책을 읽고 생각이 바뀌었다. 작가는 동성애에 관하여 매우 개방적인 태도를 밝히고 있는데, 그는 기독교인이고 나도 기독교인이다 보니 공감이 많이 갔다. 성경에는 직접적인 동성애 반대가 나와 있지 않다는 것도 알게 되었다. 동성애에 관한 혐오는 기독교에서 과장해서 말함으로써 생겨난 편견이라고 생각한다.

전체적으로 이 책을 읽은 후 나는 그동안 내가 알고 있던 것에 대하여 회의하기 시작했다. 지극히 작은 부분을 알고 있었음을 깨달았고, 나와 다른 생각이나 삶의 양식을 내 마음대로 재고 배척하는 것은 아니었나 하는 성찰을 하게 되었다. 나는 교회 권력을 이용하여 기독교인이 이성애자를 중심으로 성적 소수자를 배제하는 모습을 많이 보았다. 그동안 권력의 중심에서 늘 배제되어 온 여성주의 페미니즘 입장에서는 장애인, 성소수자, 사회적 소수자와 연대하면서 약자의 인권을 위해 노력한다는 것도 알게 되었다. 나는 남성이자 건강한 이성애자로서 알지 못했던 사회적 약자들에 대하여 생각하는 계기가 되었다. 주변의 환경에 대하여 내 삶이 불편해지는 것에 대하여 소아적으로 짜증의 대상으로만 볼 것이 아니라 좀 더 그 불편에 대해 생각해 보고 함께 해결해 가는 과정에 참여하고 싶다.

4-1.

『나에 관한 연구』[5]

신○○(여, 중3)

책 내용 중에 주인공 로사가 그린 그림 중에서 자신의 생식기를 거울로 비추어 보는 장면이 나온다. 내용은 읽지 않고 그것만 본 몇몇 남학생들이 사서 선생님을 찾아가서 "선생님, 그 책 보셨어요? 문제되는 거 아닌가요?"라면서 은근히 걱정을 하여 우리들 사이에 화제가 된 책이기도 하다.

"문제 될 거 없으니 마음껏 보라고 하세요"라는 선생님의 대답을 듣고서야 많은 친구들이 읽었다. 여성인 나에게는 생각할 거리를 많이 던져 준 책이었다. 14살의 로사는 자신의 몸의 변화를 성찰하고 자신이나 친구들, 언니들을 향한 남성들의 끈적한 시선을 알게 된다. 나아가 여성을 둘러싼 갖가지 사회적 압력에 맞서 자신을 찾아가는 과정을 그려 낸다. 중학생 시기의 아이들이 읽으면 딱 좋을 성장 일기와도 같은 짧지만 담백한 글이다.

이 책의 주인공인 로사가 사춘기에 접어들며 이 또래 대부분의 아이들이 겪는 심리적, 신체적 궁금증 등을 글과 그림을 통해 직설적이

---

5. 안나 회굴룬트, 2017, 우리학교.

고 흥미롭게 담은 책인 것 같다. 자신의 신체에 호기심을 갖고 성에 대해 고민하며 주변 시선에 화가 치밀어 오르기도 한다. 책의 두께가 두껍지 않은 만큼 세세하게 나온 부분이 많지 않고 금방금방 넘어간 다 생각되지만, 짧은 글과 그림들로 많은 생각을 떠올리게 해 주며 로사는 사람들이 남녀 간의 차별을 만든다는 생각을 담은 만화를 그려 나타내기도 한다.

'5,000년 전 사람들은 여신들을 만들어 숭배했다'는 말에 충격을 받았다. 현대사회에서는 내가 아는 모든 종교는 신 자체가 남성으로 여겨진다. 기독교에서의 유일신인 하느님 아버지와 그 아들 예수, 불교에서의 석가모니, 유교의 공자, 우리나라 샤머니즘의 여러 신들이 모두 남성이다. 남성을 신격화하여 기복신앙이 발달하고 남근석까지 만들어 아들 낳기를 빌었다. 또 정치와 종교, 문화, 지식 등의 모든 권력은 남성에게 돌아가도록 했고 여성은 그러한 남성에게 속한 것 중의 하나였다. 그렇게 내가 알고 있는 몇백 년 전 역사에서도 언제나 한 수 위인 것은 남자들이었는데 그런 사람들이 5,000년 전에는 여신을 숭배하고 살았다는 사실이 믿어지지 않을 만큼 놀라웠다. 그러하던 역사에서 여신들을 내쫓은 것 역시 남신들이라고 하니 거짓으로 지어낸 이야기라 하여도 믿을 법하다. 지금 내 심정은 조금만 여성들의 지위가 올라가고 남성들의 잘못을 비판하려 하여도 지레 들어 보지도 않고 발악을 치는 듯한 그들의 모습에 지쳐 버린 것은 아닐까 생각된다.

세계의 어느 곳에서도 남녀 간의 차별은 일어나고 있고 여성을 주로 성적인 대상으로만 보는 경향도 비슷하다는 것을 알게 되었다. 서로의 나라는 다르지만 서글프게도 공감하지 않을 수 없는 남성들의 폭력적인 모습, 여성들은 그저 남성들에게 잘 보여서 자신의 존재를 과시하려는 모습도 우리의 모습과 비슷하다는 생각이 들었다. 여성이 뛰어난 활동을 하면 마녀가 되고, 여자답지 못하다고 억압을 한다. 반면에 남자가 잘하면 추앙을 받는 지배질서를 만들었다.

현재 우리 사회는 어떤가? 오늘날에 와서까지도 남성들은 성폭행의 원인을 짧고 노출이 있는 여성의 옷으로 원인을 돌리며 그들의 성범죄를 당연한 남성의 성욕 정도로 생각한다. 이것도 모자라서 여자 화장실 도촬(여성 화장실에 몰래 카메라를 설치하여 도둑처럼 촬영하는 행위)까지 하고 이를 사이버 공간에 유출하는 불법행위를 서슴지 않는 사람들이 산다. SNS를 통해 들려오는 사회의 모습을 보면 하루도 눈살을 찌푸리지 않을 수 없는 나라인 탓에 대한민국의 여성들이 소위 말하는 '헬조선'을 외치는 것이 아닐까 싶었다.

만일 해외로 나간다 하여도 아시아 여성에게 얼마만큼의 호의가 올진 장담할 수 없다. 나는 얼마 전까지만 했어도 이러한 일이 나와 관련된 일이 아니길 바라는 마음에 그다지 관심을 갖지 않으려고 애를 썼다. 그러나 자꾸만 자극되는 일들이 점점 더 일어나는 것 같아서 최근 들어선 외부 화장실에 가는 것이 꺼려지고 학교와 학원 이외에는 바깥에 나가고 싶은 마음이 더더욱 들지 않는다. 여성이 살아가기에는 너무나 공포스러운 사회 분위기가 무섭다. 이러한 부분에 대하여 문제를 제기하면 갑자기 '메갈년'이라는 욕이 들러붙는다. 정말 말이 안 통하는 세상이 온 것 같다.

나는 이 책의 주인공인 로사처럼 약간은 조용하고 내향적인 성향을 가지고 있어서인지 로사의 용기 있는 행동이 부럽다. 내 안의 욕구를 들여다보고 그것을 긍정하는 것. 일반적인 어른들이나 남자들이 원하는 방식대로 살지 않는 것. 나도 로사처럼 용기를 내고 싶다. 어쩌면 여성은 남성이 원하는 방식대로 살아간다면 편할 수도 있다. 아니 훨씬 더 편한 삶을 보장받을 수 있을 것이다. 그러나 그렇게 산다는 것은 불평등을 받아들이고 잘못된 남성 중심 사회의 룰 안에서 안주하는 일이다. 저항은커녕 오히려 이러한 남성 중심 가부장 사회를 더 튼튼하게 만드는 일에 공조하게 될 것이다.

나는 여성이다. 여성이 살기 좋은 세상이 진짜 좋은 사회이다. 남성들이 그걸 알았으면 좋겠다. 어머니, 아내, 딸이 존중받는 행복한 사회라면 그들과 함께 사는 남성도 당연히 행복할 것이다. 어머니의 아들, 아내의 남편, 딸의 아빠로서 여성들이 안전하고 행복한 사회를 만드는데 함께 나서야 할 것이다.

4-2.

『나에 관한 연구』

최○○(여, 중3)

이 책은 주인공인 로사라는 열네 살의 사춘기 소녀가 자신의 일상에서 부당하다고 느낀 일, 그때의 기분이나 주변 사람의 행동들에 대한 생각을 꾸밈없이 솔직 담백하게 풀어놓았다. 이러한 풀이 방식은 주관적이라고 느낄 수 있지만, 중간중간 짧은 만화로 과거에 있었던 실제 사건들을 객관적으로 보여 주어서 과거에 여자가 어떠한 부당한 대우를 받았는지 등에 대해서 좀 더 자세히 알 수 있는 내용들이 많다. 그림이나 만화로 표현되는 로사의 생각을 통해 우리의 삶에 얼마나 부당한 성적 차별이 있는지 생각해 볼 수 있어서 인상적으로 읽어 내려갔다.

옛날부터 여성에게 가해진 차별은 엄청났다. 여성이 성장하여 신체적으로 가임기가 되면 생리를 하게 된다. 생리는 한 달에 한 번 하기 때문에 월경이라고도 하고 달거리라고도 했다. 그야말로 월경을 하는 여성은 건강하다는 증거이기도 하다 그런데도 불구하고 월경을 하는 여자는 '감염체' 취급을 받았으며, 불결하다는 이유로 교회에도 가지 못했다. 또 옛날이나 지금이나 순결 이데올로기에 묶여서 결혼을 하지 않은 여자가 성관계를 갖는 것은 죄악시하여 범죄자 취급을 했다.

같이 관계를 맺은 남자는 온데간데없이 사라지고 여성에게만 온갖 사회적 비난이 쏟아졌다. 그것은 21세기를 살아가는 지금도 마찬가지다. 세계의 많은 나라에서 낙태금지법을 만들어 여성이 원하지 않는 아이라도 낳도록 하고 있다. 만약 낙태를 하려면 엄청난 위험을 감수해야 한다. 이때 성관계를 하고 아이를 만든 다른 한 사람, 즉 남성은 어디에도 없다. 낳는 일도 기르는 일도 혹은 낙태를 하다가 죽거나 벌을받는 일도 모두 여성의 몫이다. 그 여성은 미혼모라는 낙인이 찍혀서 사회적 비난을 받고 조롱을 당한다.

인상 깊었던 부분은 로사가 "여자도 남자도 아닌, 나 자신으로 살고 싶다. 그저 나로, 끈적거리게 달라붙는 감정 없이"라는 문구였다. 이와 함께 빨간 드레스에 긴 머리의 보편적인 '여자' 이미지를 가진 로사가 침대 밑에 죽은 것처럼 누워 있고, 짧은 머리에 바지를 입고 속옷을 입지 않고 와이셔츠를 풀어헤친 보편적인 '남자' 이미지를 가진 로사가 침대 위에 앉아 있는 삽화가 들어간 부분이 오래된 잔영처럼 남는다. 그 이유는 사람들이 생각하는 각 이미지에 반대되는 이미지를 가짐으로써 세상 사람들이 나누어 놓은 성 이분법에서 벗어나려는 욕구를 보였기 때문이다. 즉 내 안에 있는 여성성과 남성성 모두를 존중하려는 마음이다. 여성 아니면 남성으로 나뉘어 이래야 한다, 저래야 한다는 틀에서 벗어나 '남자도 여자도 아닌 그저 나 자신으로 살고 싶다'는 말과 너무나도 잘 어울린다고 생각했다.

책 속에서 로사가 "몸에 딱 붙는 배꼽티에 굽이 높은 부츠를 신고 나가면 나이 많은 아저씨들이 쳐다보며 뭐라 말을 한다"라는 구절에서는 화가 나고 슬퍼진다. "아저씨들의 그런 눈빛이 싫고 내가 조심하고 두려워하면서 살아야 하고 내가 원하는 옷을 마음대로 입지 못한 다"라는 내용이 있는데, 이 부분을 보면서 이슈가 됐던 한 사건이 떠올랐다. '성범죄가 일어나는 것은 여자들이 짧은 바지를 입고 야한 옷을 입어서이다. 따라서 여자들이 그런 옷을 입지 마라'라는 것이었 는데, 말도 안 된다고 생각한다. 여자들이 짧은 옷을 입고 딱 붙는 옷 을 입었다고 '나 성범죄 당하고 싶어요'라고 말하는 것이 아니다.

그런 성추행적인 시선 강간에 대한 'OK' 사인도 아니다. 하지만 그 렇게 의식하는 사회가 멀리 있는 것이 아니다. 얼마 전 나는 가족여행 으로 괌에 갔다. 휴양지에서 즐겁게 놀고 수영복을 입고 찍은 사진을 페이스북에 올렸다. 난 내가 입고 싶은 옷을 입었고, 남들에게 제지 받을 일은 아니라고 생각한다. 그런데 사진을 올린 후 나에게 쏟아지 는 성희롱적 질문과 발언들을 듣고 당황스럽고 수치스럽기가 이루 말 할 수 없었다. 여성의 옷을 보고 판단하고 마음대로 생각하는 남자들 의 생각을 바꾸는 것은 힘들 것 같고, 나를 보호하기 위해서는 내가 조심해야겠다는 생각이 들자 이런 상황이 화가 나고 서러웠다. 여전히 우리 사회는 남성 중심의 가부장적인 시선으로만 우리를 재단하려 들 기 때문에 나도 로사처럼 화가 나고 마음이 상했다. 다른 많은 여성들 과 연대하고 싶고, 말이 통하는 사람들과 만나서 이야기하고 이러한 남성 중심 문화에 맞서고 싶다.

5.
책을 잘못 이해한 경우

서평을 받아 보니 천차만별이다. 그중에는 책의 내용을 완전히 잘못 이해하여 자신이 보고 싶고 듣고 싶은 것만 쓴 학생도 있는데, 그 내용을 소개하려고 한다. 자기 생각을 바꾸기는 참으로 힘들다는 것을 보여 준 사례일 뿐만 아니라 책의 내용조차도 자신이 원하는 방향대로 해석할 수 있다는 것을 보여 주었기 때문이다.

우리나라의 대표적인 페미니스트 저자인 정희진 선생의 『대한민국은 군대다』와 치마만다 응고지 아디치에의 『엄마는 페미니스트』라는 책을 읽고 쓴 서평인데, 둘 다 남학생이다.

『대한민국은 군대다』를 읽은 학생의 주장은 '무조건 여성도 군대 가야 한다'로 집약된다. 우리나라 사회문화가 얼마나 군사문화의 뿌리가 깊은지가 드러난다. 남성 중심 사회문화인지를 들여다볼 수 있는 책을 읽고, 그러니까 여자도 군대 가라면서, 남성이 오히려 역차별을 받는다고 주장하니 말이다.

『엄마는 페미니스트』를 읽은 남학생은 치마만다 응고지 아디치에의 생애와 아프리카 문화에서 여성의 차별적 상황을 극복하는 글에 대한 감수성은 보이지 않고, 안티페미니스트가 주장하는 것과 같이

"페미니스트는 우리 사회의 분열과 갈등을 가져오는 사람"이라고 역설하고 있다.

▶ 많은 남성들이 왜 페미니즘을 이해하거나 배우려고 하지
   않고 적대적인 입장을 취하는 것일까?

▶ 책, SNS 등 페미니즘에 대한 지식과 정보를 얻는 경로에
   대해 이야기해 보자.

9장

미디어 분석으로 페미니즘 수업하기

10대가 성장하는 학교와 교실은 우리 사회가 거울이다. 우리 사회의 가장 큰 이슈가 되는 사안에 대하여 아이들도 갑론을박하기 마련이다. 그중 사회현상을 미러링하여 학교에 가져온 것처럼 나타난 현상이 바로 페미니즘과 관련된 일이다. 여학생들 사이에서는 페미니즘에 대한 관심과 호기심이 높아지고 남학생들은 성차별적인 문화가 확산되는 등 폭력적인 상황이 나타나고 있다.

이에 나는 '사회적 논쟁을 교실에서 논쟁하게 한다'는 민주시민교육의 원칙에 입각하여 페미니즘 수업을 진행했다. 그중에서 미디어 분석과 비판적 읽기를 통한 성차별적인 문화 요소를 찾아서 토론하고 이야기하는 시간을 가졌다. 왜냐하면 아이들 곁에는 스마트폰을 비롯하여 미디어에 접근할 수 있는 매체가 있어서 쉽게 학습할 수 있는 장점이 있다. 아이들도 스마트폰을 이용하여 지식정보에 접근하고 수업내용을 구조화하는 일을 매우 좋아하고 참여도가 높아서 진행하기에도 쉽다. 수업은 학생들과 함께 디자인했다.

먼저 학생들이 '미디어에서 성차별적 요소를 찾고 이것이 왜 불편한가?'를 모둠별로 발표하는 수행이다. 그러나 이때, 반드시 선행해야 할 작업이 그냥 알아서 찾아보라고 하는 일은 금물이다. 분야를 나누어서 제시하고 그중 하나의 영역에서 찾되, 반 전체가 7~8개의 분야로 나누어 다양한 영역에서 성차별적인 요소를 찾게 했다. 실례를 들자면 〈프로듀스 101〉, 유튜브, 광고, 드라마, 대중가요, 웹툰, 컴퓨터 게임, 예능 프로그램으로 나누어서 모둠별로 접근했다. 이러한 미디어 분석과정은 자신의 관심 분야뿐만 아니라 자신이 잘 알지 못하던 분야도 친구들을 통해 알게 됨으로써 배움 중심 수업과정이 확산되었다. 학생들은 대중매체에 의한 이러한 문화재생산 구조가 현재 갈등 상황에 있는 여성혐오 문제를 강화하는 요인이라는 사실을 알게 되는 과정이었다.

미디어 매체가 어떻게 여성을 차별하고 성을 이분법으로 나누며 여성을 비하하는지, 어떻게 가부장적 질서를 재생산하는지를 분석했다. 나아가 이러한 문화재생산 구조를 비판적으로 보고 이를 개선하는 적극적인 의지를 만들어 가는 과정으로 작용했다. 다음은 모둠별로 학생들이 찾아낸 몇 가지 사례를 들면서 학생들의 페미니즘 수업 이야기를 나누고자 한다.

1.
⟨pick me⟩ & ⟨나야 나⟩

2016년, 2017년 전국의 남녀노소를 불문하고 아이오아이I.O.I의 ⟨pick me⟩와 워너원의 ⟨나야 나⟩를 따라 부르며 흥얼댔던 기억이 이 수업을 기획하게 만들었다. 즐거운 수업은 아이들이 찾고 만들어 가는 과정이 있을 때, 가능하다. 페미니즘 교육의 하나로 진행한 "노래 가사로 생각하는 여성, 남성의 사회적 탄생"이다. 아이들이 ⟨프로듀스 101⟩ 시즌 1, 2에 환호하면서 춤을 따라 추고 노래를 부르는 일은 날마다 있는 일이다. 학교 축제에서도 그들을 따라 한다. 의상, 춤, 노래 등 모방할 수 있는 모든 것을 모방한다. 일단 수업 시간은 와자지껄 즐겁게 진행하되, 노래를 듣고 따라 부르는 과정을 거친다. 그런 뒤에 왠지 마음에 거슬리는 부분이나 노랫말을 찾게 한다.

걸그룹 아이오아이의 ⟨pick me⟩와 워너원의 ⟨나야 나⟩ 두 곡을 가지고 비교하면서 자연스럽게 이야기하게 한다. 나아가 우리가 무심코 흥얼거리고 듣는 노래에서 어떻게 여성성을 강제하는지, 남성성을 유도하는지 알게 하는 것이 이 수업의 목적이다. 즉 여성과 남성은 그 사회문화가 만들고 싶어 하는 인간형을 반영하여 우리도 모르게 곳곳에 스며들게 한다.

〈프로듀스 101 시즌 1〉은 대한민국 50여 개의 엔터테인먼트에서 모인 101명의 소녀 연습생들이 트레이닝과 국민들의 투표를 통해 걸그룹으로 데뷔하는 모습을 담은 오디션 프로그램이다. 이 프로그램을 통해 2016년 1월 22일부터 4월 1일까지 매주 금요일 11부작으로 진행하여 마침내 11명을 선발했다. 그리하여 걸그룹 아이오아이는 대한민국 최초로 국민의 손에서 탄생했다.

이어서 2017년, 다시 한 번 100% 국민의 선택으로 국가대표급 아이돌이 탄생한다. 다수의 유명한 엔터테인먼트에서 모인 101명의 연습생 소년들이 펼치는 치열한 연습과 냉혹한 방출이 시청자들에게 즐거움과 아픔을 함께 전했다. 과연 어느 연습생이 국민 프로듀서의 선택을 받을 것인지, 또 누가 눈물을 흘리며 이 냉혹한 경쟁에서 사라지는지를 한 주 동안 별의별 정보를 나누며 SNS를 뜨겁게 달구는 팬 그룹층이 생기기까지 했다. 글로벌 아이돌이 되기 위한 101명 연습생 소년들의 초대형 서바이벌 〈프로듀스 101 시즌 2〉는 그렇게 1년의 시차를 두고 2017년 4월 7일부터 6월 17일에 이르기까지 치르게 되었다. 젊은 층이 많이 소비하던 Mnet 방송은 졸지에 이 프로그램 덕분에 중장년층까지 흡수하기에 이르렀다. 중장년층은 TV 채널권을 가진 그들의 10~20대의 자녀들에 의해 자연스럽게 이 프로그램에 흡수되는 양상을 보였다. 그래서 이 노래는 학교 교사들도 모르는 사람이 없을 정도로 마약처럼 중독되어 많은 사람들이 불렀으며, 학생들은 많은 무대에서 그들과 일체화를 시키려고 노력했다.

* ⟨pick me⟩ 노래 가사로 보는 그들의 이야기

걸그룹의 탄생, 아이오아이(I.O.I), 2016

우리는 꿈을 꾸는 소녀들
너와 나 꿈을 나눌 이 순간
달콤한 너를 향한 shining light
너만의 날
(hey! baby, show you my paradise)
너 땜에 내가 정말 이상해
가슴이 두근두근 뛰잖아
터질 것 같아 심쿵심쿵
너를 보는 날
(hey! feel me, show you my secret, boy)

can you feel me 나를 느껴 봐요
can you touch me 나를 붙잡아 줘
can you hold me 나를 꼭 안아 줘
I want you pick me up!
pick me, pick me, pick me up!
pick me, pick me, pick me up!
I want you pick me up!

*〈오늘밤 주인공은 나야 나〉

아이돌 그룹의 탄생, 워너원, 2017

너를 보던 그 순간

시선 고정 너에게 눈부셔 Shining Shining

제발 내 맘을 Pick me Pick me 너와 있는 이 시간

난 너무 빨라 불안해 멈춰 줘 hold me hold me

마지막까지 Pick me Pick me 너는 내게 너무 예뻐서

꿈일까 난 너무 두려워 기억해 제발 이 순간 Tonight

오늘 밤 주인공은 나야 나 나야 나

너만을 기다려 온 나야 나 나야 나

네 맘을 훔칠 사람 나야 나 나야 나

마지막 단 한 사람 나야 나 나야 나

오늘 밤 주인공은 나야 나 나야 나

너만을 기다려 온 나야 나 나야 나

네 맘을 훔칠 사람 나야 나 나야 나

마지막 단 한 사람 나야 나 나야 나

Pick me Pick me up

Pick me Pick me Pick me

(반복)

아무 생각 없이 노래를 부르고 춤을 추던 아이들에게 일대 혼란이 찾아왔다. 좋기만 하던 노래와 평범한 소년, 소녀들이 가수의 꿈을 꾸던 프로그램을 가지고 수업을 하니 너무 재밌고 즐거웠는데, 학생활동으로 제시된 걸 보니 무슨 말인지 갑자기 어려워졌다. 그래도 가사를 나란히 보면서 노래를 따라 부르다 보니 그전에는 생각하지 못한 면을 보기 시작했다. 아이들이 두 노래의 같은 점이라 생각되는 것부터 이야기를 시작했다.

"선생님, 이 두 노래의 같은 점은 곡이 반복되어서 누구나 따라 하기 편해요."

"선생님, 두 노래 모두 자신을 뽑아 달라는 'pick me'가 주제어 같아요."

"선생님, 두 노래 모두 중독성이 강해요. 한번 부르기 시작하면 계속 흥얼거리게 돼요."

"선생님, 아이오아이 걸그룹은 너무 예쁘고 날씬한 여자들만 모였어요. 아니 101명이 모두 그래요. 워너원 아이돌 그룹도 모두 잘생기고 키가 크고 멋져요. 일단 101명으로 시작하는 것부터 외모 순으로 뽑는 것 같아요. 외모지상주의를 공개적으로 방송에서 한 것 같아요."

이어서 아이들은 다른 점을 찾기 시작했다.

"아이오아이 걸그룹이 부른 〈pick me〉와 워너원이 부른 〈나야 나〉는 제목이 달라요. 걸그룹은 제목 그대로 'pick me'를 반복하며 자신들을 뽑아 달라고 애원하는 느낌이 드는데, 〈워너원〉이 부른 〈나야 나〉는 마치 주인공이 바로 나라고 자신 있게 주장하는 것 같아요."

"춤 동작을 비교해 보면 아이오아이 걸그룹은 〈pick me〉를 부르며 추는 춤이 누가 더 귀엽고 사랑스럽게 몸동작, 얼굴 표정을 연출하는가를 경쟁한다면, 워너원 아이돌 그룹은 "나야 나"를 외치는 몸동작이나 얼굴 표정이 당당하고 박력 있게 자신을 가리키는 모습을 드러내어요. 그러니까 여성은 사랑스러움, 남성은 자신감을 강조하고 있어요."

"두 그룹의 의상을 비교해 보면 아이오아이 걸그룹은 학생복 느낌을 주는 옷을 입고 나와서 실재 그들의 나이보다 더 어린 여중생이나 여고생 느낌을 주려고 하는 반면에, 워너원 아이돌 그룹은 모두 양복 슈트를 입고 나와서 제법 청년 같은 이미지를 주는 것 같아요. 여성은 어린 여자를, 남성은 남성미 뿜어내는 사람을 더 좋아하는 것을 반영해요."

"두 그룹의 노랫말의 클라이맥스로 느껴지는 부분은 아이오아이 걸그룹은 'pick me'를 반복하며 스르르 잦아드는 느낌을 주는데, 워너원 아이돌 그룹은 "오늘 밤 주인공은 나야 나 나야 나 / 너만을 기다려 온 나야 나 나야 나" 이 부분부터라고 느껴져요."

"두 노래의 클라이맥스가 다른 느낌을 주는데, 여성 그룹은 자신이 선택되기를 바라지만 그 운명은 다른 사람이 쥐고 있다는 암시를 주는 느낌이 들어요. 소극적이고 수동적인 노랫말을 전달하고 있어요. 그런데 남성 그룹은 '오늘 밤 주인공은 나야 나 나야 나 / 너만을 기다려 온 나야 나 나야 나' 이 부분부터 몸동작이나 얼굴 표정이 더 당당하게 적극성을 띠고, 노래의 곡이나 가사가 클라이맥스라는 느낌을 강렬하게 줍니다. 즉 능동적인 가사를 전달하고 화면으로 보이는 그들의 표정도 힘차게 주인공이라는 느낌을 주도록 이미지를 만들었어요."

두 노래의 같은 점과 다른 점을 찾다 보니 불편한 점, 그동안 보지 못하고 생각하지 못했던 점도 아이들 스스로 찾아내어 그들의 언어로 말하기 시작했다. 바로 외모지상주의였다. 특히 여성에게 강요되는 비정상적인 마른 몸 만들기 다이어트를 권하는 사회라는 거다. 온 국민의 눈과 귀를 사로잡은 프로그램에서 다양한 몸을 구경하지 못했다. '여성의 몸은 바로 저런 거다. 저 정도는 되어야 여자라고 할 수 있지'라는 생각이 들 정도로 하나같이 날씬하다. 또 하나같이 예쁘다는 점이 너무 불편하다고 말했다. 여학생들에 비해서 남학생들은 조금 감수성이 낮긴 하지만 아이돌 그룹은 한결같이 키가 크다는 점에서 아직 키가 크지 않다고 생각하는 남학생들이 접근하기 어려운 부분이라고 느꼈다. 그러는 와중에 중학생을 포함한 수많은 젊은 사람들이 101명의 걸그룹 지망생과 101명의 아이돌 그룹 지망생들의 '얼평-몸평'을 SNS를 통해서 한다는 점이다.

남의 얼굴과 남의 몸을 평가하는 일이 자연스럽게 되어 버린 사회다. 여기에서 문제점 찾기는 바로 "누군가 나를 직접 또는 간접적으로 아는 사람들이 나의 몸과 얼굴을 자기들 멋대로 평가한다면 우리는 어떤 기분이 들까?"이다.

두 번째 불편한 점은 여학생들이 제기한 것이었다. 여성 그룹은 귀엽고 사랑스러운 몸짓과 표정을 연출하게 하고, 남성 그룹은 힘차고 당당하게 표현하도록 한 점도 숨은 의도가 있다. 뿐만 아니라 여성 그룹은 교복을 입고 나와서 어리다는 점을 무의식적으로 보여 주고, 남성 그룹은 정장 슈트를 입고 나와서 남성미를 드러낸다. 노래 가사를 보면 여성 그룹은 매우 수동적으로 부탁하는 어조로 나오지만, 남성 그룹은 바로 자신이라고 나야 나를 주장하며 적극적으로 등장한다. 여성들에게는 수동적 존재, 소극적인 모습으로 나오도록 하되 귀엽고 애교 있게, 여리고 사랑스러운 모습을 강요한다.

또 주요 소비층이 10대, 20대를 겨냥한 듯 여성 지망생들은 그들의 나이와는 상관없이 교복을 입고 떼로 등장시킨다. 10대 소비층에게는 교복 입은 여성 지망생들이 마치 자신들과 동일한 10대로 보이는 모습을 드러내어 동일시와 친밀감을 준다. 20대의 시청자들이 보기에는 동생 같은 느낌을 주어 마치 자신이 개입을 해도 되는 것 같은 상위의 지위를 주는 효과를 줄 것이다. 한편 30대 이상의 아재 팬 그룹이 생기는 것은 여학생들이 교복을 입은 어린아이라는 것을 은연중에 드러내어 그들로 하여금 가족주의의 돌봄 논리로 롤리타증후군[1]을 숨기는 의도를 무의식적으로 나타낸다고 할 수 있다.

여기에서 문제는 무엇인가? 이 프로그램의 숨은 의도 찾기이다. '국민참여로 만들어 가는 아이돌 그룹'이라는 타이틀로 연예인을 꿈꾸는 많은 청소년들을 단박에 한자리에 불러 모았다. 〈프로듀스 101〉을 하는 시간대에는 시내에 사람이 없다는 말이 바로 이를 증명한다. 모두 텔레비전 앞에 모여서 방송을 시청한다는 것이다. 적극적인 시청자는 자신이 참여하여 뽑은 사람의 당락이 중요하다. 하나의 텔레비전 프로그램이 '국민참여'라는 방법을 선택한 순간 수많은 사람들이 관심을 가지고 참여함으로써, 101인의 아이돌 지망생들이 줄어드는 시간

---

1. 롤리타 콤플렉스라고도 불리며, 이는 성인 남성이 미성숙한 소녀에 대해 정서적 동경이나 성적 집착을 가지는 현상을 말한다.

을 거쳐 11명이 남을 때까지 11주를 열광하게 만들었다. 나아가 자신들도 연예인의 꿈을 꾸게 되었다. 이 〈프로듀스 101〉을 방송하거나 방송한 후에 초등학생의 70% 이상, 중학생의 50% 이상이 아이돌이 되겠다는 진로희망을 밝힌 바 있다. 텔레비전 방송의 힘은 이렇게 컸다.

"많은 초등학생이나 중학생들이 아이돌이 되겠다는 꿈을 꾸는 일이 왜 문제인가?"라고 물었다. 요즘은 적성에 맞는 진로를 찾는 일이 대세인데 말이다. 아이들도 알고 있었다. 우리 반에만 해도 절반 정도는 연예인이 되고 싶다고 밝혔다. 그러나 되고 싶다고 해서 다 되는 일이 아니라는 것을 아이들도 알고 있다. 그 문제점으로 너도나도 가능성이 매우 낮은 일에 도전한다면 그로 인해 들어가는 사회적 비용이 너무 크다. 또한 다른 진로를 찾지 못하여 우왕좌왕할 수 있다. 실제로 아이돌이 되겠다면 연예기획사에 들어가서 10년 정도의 시간을 바쳐야 하는데, 그렇다고 다 연예인이 되는 것도 아니다. 10년 이상 기획사에서 연습생을 하더라도 빛을 보지 못하고 〈프로듀스 101〉에 다시 나온 사람들도 있었다. 길고 긴 과정이 필요하고 그 과정을 거쳐도 확신이 없는 일이라서 그저 한때 꿈을 꿀 수는 있지 않으냐고 되묻기도 했다.

또 다른 이유는 아이들 스스로 자신의 외모를 평가하여 스스로 연예인이 되고자 하는 욕망을 접는 경우가 많다는 거다. 텔레비전은 한결같이 탁월한 외모 유전자를 가진 사람들만 성공하는 모습을 보여준다. 그래서 어릴 때부터 날씬할 것을 강요받는다. 얼굴은 성형을 하지 않는 한 고치기 어렵지만 몸매는 자신이 통제할 수 있다고 믿는다. 그래서 중학교 여학생들은 급식을 조금만 먹는다. 왜 이렇게 적게 먹느냐고 물으면 "요즘 살이 쪄서 다이어트하는 중이에요"라고 스스럼없이 말한다. 여성을 평생 날씬한 몸을 가지고 싶은 욕망에 시달리게 한다. 어린이부터 노인에 이르기까지 예외는 없다. 개인의 체질적인 특성이나 타고난 체형은 고려하지 않고 오직 텔레비전에 나오는 배우나 성공한 사람처럼 외모를 갖게 되기를 욕망하여, 그와 관련된 수많은 다이어트 식품, 다이어트 운동기구, 헬스용품 등을 소비하는 시대이다. 끝없이 소비를 하도록 만들어 간다. 욕망은 곧 소비를 함으로써 접근 가능하다는 악마의 속삭임처럼 달콤하게 그려지고 있다.

마지막으로 〈프로듀스 101〉을 통해 우리 사회문화가 여성과 남성에게 각각 은밀하게 강요하는 것은 무엇일까? 이것을 찾는 일이 가장 중요하다. 이는 비판적 사고 없이는 불가능하다. 이미 아이들이 찾은 불편한 점에서 드러났다. 이것을 가지고 토론이 이어졌다. 노래 가사와 춤, 의상, 그들의 표정에서 찾을 수 있었다. 마지막 11인의 마지막 승리자가 되고 싶다면 여성들은 소극적이고 수동적으로 귀엽고 사랑스러운 동작과 표정으로 춤추고 노래하라. 어리고 여려서 돌봐 주고 싶은 마음이 생기게 하라는 것을 은연중에 보인다.

반면에 11인의 마지막 승리자가 되고 싶은 남성에게는 힘 있고 당당하게, 적극적이고 능동적인 남성을 드러내게 한다. 이것이 우리 사회문화가 요구하는 여성성, 남성성이다. 실제 상황과는 달리 여전히 대중매체가 문화적으로 통용되는 방식은 여성과 남성에게 다르게 적용된다. 문화적 차별의 벽은 거대하다는 점을 지적했다. 왜? 텔레비전이나 인터넷은 현대인들이 그것을 이야기 삼아 소통하는 주요 소재가 된다. 그런데 비판적 시선 없이 바라본다면 대중매체의 영향을 받는 많은 사람들은 여전히 남녀 차별적 문화코드를 스스로 입력하게 되기 때문이다.

2.
중1 남학생들이 열광하는 유튜버

　남학생들은 주로 유튜브를 보면서 시간을 보낸다고 하니, 어떤 유튜브를 보느냐에 따라 그들의 사고방식이나 기초 지식이 많이 달라질 수 있다. 신문은 보는 집이 거의 없으며 TV나 라디오를 보거나 듣지 않고 오직 손 안에 휴대폰만 있으면 혼자서도 잘 노는 시대를 보여 주었다. 그들이 열광하는 보겸이 도대체 어떤 내용으로 소년층을 사로잡는지 궁금했다. 보겸이 생산한 프로그램을 본 것 중에서 한 가지라도 그 내용을 전달해 달라고 하자,

　"그냥 재미있어요."

　"말로는 표현하지 못해요."

　"재미있으면 되는 거잖아요."

　주로 보겸에 열광하는 남학생들의 반응이다.

　"그러면 얼마나 재미있는지 한번 같이 볼까?"라고 하자, 그토록 재미있다고 열광하던 남학생 팬들이 난리가 났다. 안된다고 손사래를 치면서 극구 말렸다. 자신들이 얼마나 수준 낮은 이야기에 매료되어 시간을 보내며 그것에 동조하는지, 민낯을 보여 주기가 민망해서였다. 그럴수록 더욱 공적 공간인 교실에서 확인할 필요가 있겠구나 싶었다.

나아가 이참에 '미디어 비판적 보기' 수업을 통해서 그동안 우리가 무심코 보면서 재미있다고 생각한 부분, 무의식적으로 본 많은 내용들을 검토해 보기로 했다.

나는 그날 처음 보겸이라는 청년을 보았다. 그는 자신의 방 안에서 그의 유튜브를 보고 좋아하는 관객들을 만족시키는 이야기를 찾는 사냥꾼이었다. 그의 말과 손짓은 말초적이고 욕설이 난무하며 성적이라서 남학생들이 그것을 보고 좋아했고 그들이 공유하는 프로그램이 되었다. 보겸은 소비자들이 많아지자 점점 더 강도를 높여서 센 내용과 말을 사용하여 고객을 불러 모으는 영리함이 있었다. 이것에 대해 여학생들은 질색을 했다. 보겸을 자주 보고 동조하는 것 자체가 매우 위험하다고 판단했다.

그중 하나가 보겸이 유행시킨 '보이루'(보겸+하이루), '보벼'(보겸+부벼) 등이다. 이 유행어들은 보겸+가 아닌 여성의 성기를 뜻하는 말로, 남자애들끼리는 모두 알고 키득거리며 사용하기도 한다. 이것에 반발해 미러 운동으로 '보이루'에 상응하는 말인 '자이루'라는 말이 만들어져서 인터넷에 회자된다고 한다. 여기에 대해 보겸을 적극 추종하는 남학생들은 완강히 거부하는 반응을 나타내었다. 한편 여학생들은 '보겸이 전 여자친구를 성폭행했다'고 폭로했다. 보겸 자신은 모두 끝난 일이라고 주장하지만, 전 여자친구는 제대로 된 사과를 요청하고 있는 상황이라고 한다. 보겸을 바라보는 남학생들과 여학생들의 온도 차이는 엄청 크다.

3.
광고로 길들이기

　미디어 비판적 읽기에서 가장 많은 이야기를 쏟아 낸 분야는 광고
였다. 어디에서나 볼 수 있는 광고는 많은 사람들에게 강력한 메시지
를 전달한다. 광고는 만든 사람들의 의도를 알게 모르게 자연스럽게
문화적으로 수용하게 하는 힘이 있다. 이러한 광고에서 성차별적 요인
을 찾아 이를 비판한 학생들의 목소리를 담아 보았다.

1) 인터넷 광고, 육아는 엄마의 몫

육아에 대한 꿀팁은 엄마가 원하는 듯한 그림으로 표현되어 있다. 깨알 같은 육아에 대한
이야기도 경험을 살리는 여성이 하고 있다. 그런데 혼자 육아를 하면서 외롭고 지친 여성
이 자신이 누구인지를 찾는 모습은 검은색으로 표현되어 우울하기까지 하다. 마치 아기
를 키우는 엄마가 자신을 생각하는 것 자체를 우리 사회가 금기시하는 느낌이다.

인터넷을 켜면 광고창이 주르르 나타난다. 보통 아이들은 광고를 자연스럽게 스캔한다고 한다. 그런데 육아와 관련된 광고를 한번 보자. 아빠의 분량보다 엄마의 분량이 너무 많고, 육아 꿀팁 같은 페이지에도 엄마와 아이만 있을 뿐 아빠는 보이지 않는다. 우리 사회를 반영하는 광고에 여전히 육아는 자연스럽게 엄마의 몫으로 드러난다. 아이를 원하는 건 부모가 같지만, 낳고 기르는 건 온전히 여성인 엄마의 몫으로 만들어 버리는 독박육아, 네이버에서 본 그 불편한 광고를 보자.

2) 아빠는 월드컵 축구 경기 구경, 엄마는 아이 돌봄 노동

문제의 장면은 이란에서 삼성전자의 TV 광고 장면이다. 여러 사람들이 같이 월드컵 축구경기를 구경하는데, 아빠를 비롯한 남성들은 열광적으로 환호성을 지르며 축구를 보느라 정신이 없을 정도이지만, 여성들은 아이 간식을 먹이거나 요람을 흔들거나 뜨개질을 하는 모습을 보였다. 이것을 본 시민들은 이 광고가 성차별적이라고 항의했다.

문제의 광고는 '월드컵에 환호하는 남자, 관심 없는 여자'로 표현[2]된 것이다. 이 광고가 나가자 삼성전자 이란 공식 인스타그램은 이에 항의하는 비난 댓글이 2만여 개나 달렸다고 한다. 여성을 현모양처로 고정시키는 의도를 담고 있다는 것이다. 광고는 예민하다. 또 광고계는 매우 보수적이다. 왜냐하면 광고는 바로 돈으로 연결되기 때문에 무리

2. https://www.youtube.com/watch?v=1HogI33JQhY

수를 두지 않는다. 모험도 하지 않는다. 그러다 보니 세상 변한 걸 여전히 감지하지 못한 이야기를 이란에서 내보냈다. 이러한 상황이 거듭되면서 기존의 관습과 관념대로 사회문화를 재생산하는 구조를 만들어 낸다. 가부장제의 모습을 그대로 보여 줌으로써 가족과 친지들이 모여서 월드컵을 즐기는데, 남자는 환호를 하지만 여자는 관심 없는 듯 아이를 돌보거나 뜨개질을 하는 차이를 부각하여 여성은 가족을 돌보는 사람으로 한정시킨다. 이렇게 해서 여성의 돌봄 노동을 당연시하는 문화를 재생산하고 있으며, 나아가 가족이나 아이를 소홀히 돌보는 여성을 죄악시하여 갈등을 조장한다.

3) 독박육아로 지친 그녀

자본주의를 상징하는 돈 위에 그녀는 서 있다. 정장을 입고 서류가방을 든 채, 아기를 안고 지친 모습으로. 책과 학사모, 건물로 표현되는 고학력 전문직 여성이다. 그녀의 뒤에는 주머니에 손을 넣은 채 그림자로 표현된 남성이 있다. 하루 종일 일하다 돌아온 지친 그녀와 같이 아이를 돌보는 사람은 어디에 있을까?

삼성카드 베이비 스토리 광고가 성차별 논란에 휩싸였다. "여자일 땐 안 울었는데, 엄마 되고 웁니다"라는 광고 문구가 여성의 엄마라는 역할을 강조해서, 남성들의 육아 참여 트렌드를 반영하지 못하고 모성팔이를 하는 시대착오적 발상이라는 항의를 받고 있다.

이러한 사진이나 광고가 은연중에 여성의 독박육아를 자연스러운 사회적 분위기로 몰고 간다. 여성은 고학력 전문직일지라도 지친 몸을 이끌고 돌아오는 길엔 아기를 안고 와야 한다. 남편은 그녀의 뒤에 그림자로 서 있다. 그림자는 있으나 마나 한 존재이다. 같이 육아를 해야 하는 주체로서의 남성을 그리고 있지 않다. 함께 하는 육아를 권하는 사회가 되면 자연스럽게 저출산 문제도 해결될 텐데 하는 생각이 든다.

여성은 이미 가사노동에 한정된 사람이 아니다. 남녀가 같이 경제생활을 하는 사회가 된 지 오래되었다. 그럼에도 불구하고 여전히 육아는 여성이 책임지는 문화와 인식으로 만들어진 이러한 모습은 기존의 성역할에 대한 고정관념을 강화시킬 뿐이다. 광고 문구 중에서 "여자일 땐 안 울었는데, 엄마 되고 웁니다"라는 것은 독박육아로 인해 엄마 되기가 얼마나 두려운지를 드러내는 말이다. 사회적으로 강요되는 '엄마이기 때문에, 엄마가 왜 그래?, 엄마 맞아?, 엄마 자격 없어, 엄마라면 모름지기, 넘치는 모성'으로 포장한 언어 뒤에는 여성의 희생을 당연하게 여기도록 하는 기제가 숨어 있다.

4) 일터에서 돌아온 여성은 가사노동, 남성은 스마트폰 삼매경[3]

여성은 일터에서 돌아오면 또 다른 일터가 기다린다. 그때부터 가사노동이 시작된다. 가사노동은 하루만 하지 않아도 집안이 마비가 된

---

3. 광고, 전자제품.

다. 2016년 통계청에서 발표한 〈가사노동 불평등 보고서〉[4]는 다음과 같이 기록하였다. 즉, 우리나라 여성은 매일 남성이 하는 가사노동의 5배 이상을 하면서 살아간다고. 한편, OECD 여러 국가 중에서 남성의 가사노동 참여 시간은 가장 적다. 행복지수가 높은 복지국가 덴마크에 비하면 1/4에도 미치지 못한다.

이런 문화는 언어에도 나타난다. 여성이 하는 가사노동은 당연한 것이고, 남자가 조금 하면 '도와준다'는 말을 한다. 그것은 원래는 안 해도 될 일인데, 시혜적 차원에서 한다는 의미가 가미된 것이다. 함께 꾸린 가정이므로 당연히 가사노동도 함께 해야 하는데, 마치 자신의 일이 아닌 것처럼 '도와준다'고 말하는 것은 무의식 속에 깊이 내재한 남성우월주의 내지는 가사노동은 여성이 할 일이라는 사고가 드러난 것과 다름없다.

---

4. 『여성신문』 1425호(2017년 1월 24일), [가사노동 불평등 보고서①] 여성도 아내가 필요하다.

4.
드라마로 보는 세상

1) 〈너도 인간이니?〉[5]

드라마를 보고 성차별적 내용을 담고 있거나 장면을 넣은 내용을 분석하는 모둠에서 〈너도 인간이니?〉를 보고 문제를 제기했다.

> 〈너도 인간이니?〉 문제가 된 장면과 학생들의 페미니즘 이슈 찾아가기
>
> "KBS 드라마 〈너도 인간이니?〉 첫 방송에 나온 폭행 장면이다. 이 드라마는 2018년 6월부터 인기리에 상영 중인데, 비인간적인 인간세상에서 인간보다 더 인간적인 로봇의 활약과 따뜻함을 담고 있다. 공항에서 여자 주인공이 몰카를 찍는 장면을 발견한 남자 주인공이 화가 나서, 다짜고짜 여자 주인공의 얼굴을 손으로 때리는 장면이다."

위의 장면을 본 학생들은 다음 두 가지의 합리적 의심을 하게 되었

---

5. KBS 월화 드라마, 2018년 5월부터 방영, 차영훈 감독.

다. 나아가 드라마 분석을 통해 어떻게 페미니즘 시각을 확보하며 성
장하는지를 보여 준다.

● 질문 1.
많은 사람들이 시청하는 공중파 방송(KBS2 TV) 드라마에서 여성
을 폭행하는 장면을 넣었어야 하는가?

● 질문 2.
주인공 여성이 몰카를 찍다가 남성에게 폭행을 당한다. 드라마의 의
도는 무엇일까?

"여성 주인공의 몰카 촬영과 남성 주인공이 바로 폭력으로 응징하
는 장면은 홍대 미대 남성 모델 촬영 이후 우리 사회의 쟁점이 된 '혜
화역 여성 시위'를 연상하게 했다."

"우리나라 드라마나 영화를 보면 여차하면 여성을 때리고 물건을
부수는 폭력적인 장면이 많이 나온다. 그러다 보니 폭력에 너무 익숙
한 사회문화가 되어 버린 것 같다. 아이들부터 어른까지 같이 보는 공
중파 드라마에, 마음에 들지 않는다고 해서 아내나 여자친구를 폭행
하는 장면이 비일비재하게 나온다."

"그전에는 아무런 생각 없이 보았는데, 요즘 데이트 폭력으로 죽는
여성이 한 해 평균 46명이라는 보도[6]를 보고, 이 드라마를 다시 생각

6. 2018년 7월 17일 KBS 9시 뉴스 보도.

해 보았다. 외국의 영화나 드라마에서는 남편이 아내를 때리거나 남자 친구가 애인을 폭행하는 장면을 보지 못했다. 그런데 우리나라의 영화와 드라마는 너무나 자연스럽게 폭력을 행사한다. 이것은 우리의 사회 문화를 반영한 것이며, 또 그런 사회문화를 자연스럽게 만들어 가는 데 기능한다."

"사람을 때리는 장면 자체를 넣은 것도 문제가 되지만, 그 상황에서 꼭 그렇게 해야 했는지를 생각해 보면 부정적인 시선으로 볼 수밖에 없다. 촬영 후속 이야기를 보니, 이 드라마를 만든 감독은 '현실감 있게 해야 한다며 시늉이 아닌 진짜로 최대한 힘을 실어 때리라'는 지시를 했고, 남자 배우는 거절하지 못하고 그대로 행동으로 옮겼다고 한다. 이때 폭력을 당한 여자 배우는 귀가 잘 안 들릴 정도로 고통스러웠다고 한다. 그렇다면 그 당시 상태가 얼마나 심각했는지 알 수 있다. 드라마나 영화 촬영 현장이 얼마나 폭력적인지를 짐작할 수 있다."

"이 드라마는 홍대 남성 모델 몰카 사건과 때를 맞추어 한국 사회에서 남성보다 여성이 몰카를 찍는 분위기로 만들려는 의도를 가지고 있다. 드라마 장면을 통해서 '봐라, 여자가 몰카 찍고 있잖니?'라고 여성의 몰카 촬영을 일반화시키는 잘못을 범하고 있다."

"그동안 몰카 사건의 피해자는 대부분 여성이며 도둑촬영은 남성이 했음에도 불구하고 법적 대응은 미비했다. 그것에 분노하여 혜화역 시위에 많은 여성들이 참여하여 '여성도 대한민국 국민이다'라고 주장하는 것이다. 그러나 2% 정도에 지나지 않는 여성에 의한 몰카 사건이 터지자 경찰, 검찰, 언론은 사냥감을 물듯이 달려들어 피해 남성의 성적 수치심을 대서특별했다."

"이에 격분한 남성들이 인터넷 댓글을 달며 여성혐오 문화를 확산하도록 부추겼다. 이어서 가해 여성에 대한 법원의 판단은 구속 수사, 10개월 실형선고로 이어졌다. 남성 성폭력 범죄자들은 무죄 석방, 불구속 기소, 집행유예 등으로 대부분 유야무야 넘어간다. 그러니 '여성도 국민이다'라는 주장이 여성에게는 먹히는 거다."

"여성에게 자연스럽게 폭력을 행사하는 드라마나 영화를 거부하고, 여성의 관점에서 만들어 가도록 시청자로서 압력을 행사해서 다시는 이런 폭력문화를 재생산하는 드라마를 보지 않기를 바란다."

2) 부자 남자, 가난한 여자

한류 열풍을 타고 한국의 대중가요, 아이돌 그룹의 노래가 세계시장에서 인기를 얻고 있다. 그중에는 한국 드라마와 영화도 큰 몫을 차지하는데, 드라마의 대부분은 성차별이 심각하다. 일단 막장 드라마, 신데렐라 신드롬 등으로 돈과 권력을 추구하는 천민자본주의의 단면을 보여 주는 내용이 주를 이룬다. 재벌 남녀의 갑질은 기본으로 그들은 사람 알기를 우습게 여긴다. 돈 있는 남자는 혼외자를 두고, 부자들은 돈이라는 권력 때문에 서로가 적당한 거리를 두고 산다. 사랑과는 거리가 멀다. 성차별적 요소가 많아서 이를 보는 많은 사람들에게 편협하고 잘못된 고정관념을 심어 준다. 이는 이러한 소재를 주요소로 하여 보내는 드라마의 영향을 많이 받는다.

부자 아버지는 혼외자를 두거나 바람을 피워도 가족들에게 소리를 지르는 왕 같은 존재로 등장한다. 그럼에도 불구하고 가족이나 사회생활에서 매우 높은 지위를 가지고 사람을 부리는 역할을 한다. 여기에

꼼짝 못하는 사람으로 등장하는 사람이 어머니다. 어머니는 속물로 돈에 목숨을 걸고, 아들이나 딸을 통해 재벌가와 혼인 관계를 맺어서 자신도 그 돈을 공짜로 얻고자 하는 욕망을 드러낸다(2018년 8월 현재 방영 중인 주말 드라마 〈같이 살래요?〉에서 양준금의 역할이 그러하다. 연상의 며느리를 반대하여 헤어지게 하려다가 그 아버지와 결혼하려는 사람(장미희)이 재벌인 것을 알고 접근한다). 한편, 젊은 여자는 주로 과소비에 명품, 돈에 목숨 걸고 덤비는 된장녀로 그리기 일쑤다.

게다가 돈 많은 남자를 찾기 위해 하이에나처럼 먹이를 찾아 나서는 여자로 그린다. 반반한 외모로 남자를 꼬셔서 결혼만 잘하면 되는 신데렐라 증후군을 퍼지게 한다. 반대로 사회적으로 성공하고 능력 있는 여성은 가정을 지키지 못하고 외로워지거나 다른 가족을 힘들게 하는 존재로 그린다. 드라마에서 여성은 주로 집에서 안정적인 가정생활을 하며 남자를 뒷바라지하는 모습으로 그리고, 그것을 최상의 선으로 여기도록 만든다. 즉 우리는 변화된 사회현상을 반영하지 못하는 드라마와 영화를 여전히 보고 있다. 드라마에서 갈등을 일으키는 사람은 주로 여성이며 그 갈등을 해결하는 사람은 남성이다. 그래서 은연중에 남성은 문제를 해결하는 능력자로 보이게 하고 여성은 문제를 만든다는 인식을 심어 준다.

그런데 실제로는 KBS 〈우리 부부가 달라졌어요〉라든가 〈우리 애가 달라졌어요〉를 보면, 대부분 문제 유발자는 남성이며 그들은 의사소통 능력이 없어서 문제 해결에 대한 의지도 없고 방법도 모르는 경우가 많다. 또 폭력적이거나 무언으로 가족들을 고문하기도 한다. 그럼에도 불구하고 드라마 속 남성은 대부분 교양 있는 회사 간부, 사장,

회장, 이사장, 의사 등으로 나이도 20대부터 70대까지 다양하게 등장한다. 그러나 여성은 주로 인턴, 비정규직, 명품 추구형 된장녀, 알바생, 취준생, 돌싱 등 보조적인 축으로 두어, 열심히 일하는 일상의 많은 여성들을 일반화하지 못하는 문제점을 들 수 있다.

더구나 지금은 한류 열풍을 타고 전 세계로 드라마, 대중가요, 연예인 토크쇼 등을 수출하고 있다. 이런 성차별적 요인을 그대로 안은 채 수출되는 한국 드라마를 보는 외국인들은 우리 문화를 어떠한 시각으로 이해할까? 돈을 쫓아가는 불나방 같은 한국의 여성들, 점잖고 교양 있는 문제 해결자로 등장하는 남성들을 보면서 성차별적 한국 문화를 직시할 수 있을까? 지금 많은 드라마들이 남자는 멋진 역할, 여자는 천박한 역할을 하게 하여, 이를 보는 시청자들이 '여자가 문제야'라는 편견을 갖도록 문화 재생산을 하고 있다.

5.
웹툰으로 여혐 유행어 생산

전체 이용 가능한 웹툰이 인터넷을 열면 많이 있다. 웹툰에 빠진 사람들이 그만큼 많고 많은 사람들에게 영향을 준다. 특히 청소년들에게 미치는 영향은 크다. 학생들이 일상적으로 자주 보는 웹툰에서 성차별적 요인을 분석하고, 이를 비판하는 시각을 키울 수 있었다. 학생들의 비판적 미디어 분석 덕분에 요즘 유행하는 웹툰이나 작가에 대해 알게 되고 소통하는 시간을 마련할 수 있었다.

1) 여성의 나이 후려치기

학생들은 웹툰을 많이 본다. 만화를 즐겨 읽다가 흐르는 양식의 웹툰을 보면 시각적인 효과가 더 크다. 인터넷에서 돈을 지불하지 않고도 접근할 수 있는 웹툰 사이트는 무궁무진하다. 몇몇 아이들이 즐겨보는 사이트에서 찾아낸 여성의 나이를 두고 비하하거나 여성의 가치 자체를 후려치는 경우[7]를 찾아냈다.

포털사이트 웹툰이 여성비하 내용을 담고 있어 논란이다. 2018년

---

7. http://www.kukinews.com/news/article.html?no=446600

6월 12일 새벽 2시 18분 온라인 커뮤니티에 '기안84 복학왕(여자 나이 후려치는 댓글들)'이라는 제목의 글이 올라왔다. 작성자는 포털사이트 네이버에 연재 중인 웹툰 '복학왕' 중 '전설의 디자이너' 편을 캡처해 첨부했다. 작성자가 문제 삼은 것은 여성 캐릭터의 세부 설정이다. 해당 회차의 주인공은 '노안숙'이라는 이름의 30살 여성으로, '나이보다 노안으로 보이는 얼굴'을 가지고 있다. 웹툰을 읽어 보면 "노안숙은 '결국 나이는 이기지 못했다', '내 나이 30살, 아무리 화장을 해도, 좋은 것을 (얼굴에) 발라도 나이를 숨길 수가 없다', '보세로 꾸민 20살이 훨씬 예쁘다' 등의 발언을 일삼는다'는 노안숙의 푸념을 내세우면서 작가가 나이로 여성을 폄하했다"는 비난 여론이 왜 일고 있는지 이해가 된다. 즉 여성은 서른만 되어도 나이가 많아서 경쟁력을 상실하는 것처럼 말하고 있다.

지금 우리 사회에서 서른이면 아직도 공부 중이거나 진로를 찾아 막 시작한 새내기이다. 그만큼 청년실업도 증가하고 사회 진출 시기가 늦어지는 사회를 살면서 유독 여성에게 서른의 나이를 인생의 황혼인 것처럼 후려치느냐고 여성들은 반박한다. 서른 즈음의 남성을 보고 '나이를 숨길 수가 없다, 노안이다'라는 얼굴 평가를 하는 경우는 없다. 남녀 모두 서른 즈음이면 독립적인 사회 활동으로 왕성한 청년기다.

또한 주인공 노안숙은 이름부터 '노안'을 연상시킨다. 스스로 '누나는 너무 늙어서 맛이 없다'는 말을 하도록 하는 작가의 의도를 문제 삼는다. 여성의 몸이나 얼굴을 두고 '맛이 있다, 없다'와 같이 음식에 비유하는 것 자체가 동등한 인간으로서의 대우가 아니다. 여성을 마치 골라 먹는 것을 음식처럼 여기도록 만들 수 있는 위험이 있다. 성적 대상으로 볼 뿐만 아니라, 여성의 얼굴이나 외모를 '맛있다, 맛없다'라는 말로 표현하는 것은 있을 수 없는 일이다.

"뭐라고 하더라도 이 웹툰을 쓴 작가의 의도 내지는 여성을 보는 시각은 여성의 얼굴을 평가하고, 나이 서른을 기준으로 깎아내리려는 의도를 담고 있다. 이것을 보는 많은 여성 독자들은 기분이 언짢을 수밖에 없다. 나아가 이 웹툰을 보고 '그래, 나이 서른이 넘은 여자는 여자도 아니야'라는 댓글이 주르르 달리는 걸 보면 여자로서 수치스럽고 화가 났다. 이런 댓글 하나가 여러 사람들의 분노를 일으킨다는 것을 알게 되었고, 댓글을 쓸 땐, 상대방의 기분을 생각하며 써야 할 것 같다는 생각이 들었다."

2) 여성의 외모 평가

언론에도 여러 번 언급된 기안84의 웹툰 '복학왕'은 여성혐오, 여성 비하 발언이 매우 많았다. 다음[8]은 대표적인 시선 강간 사진이다. 여성의 몸을 스캔하는 듯한 눈빛으로 위에서부터 아래로 쫙 훑으며 쳐다보는 것을 시선 강간이라고 한다. 눈으로 하는 강간이라는 표현인데, 이런 행위를 당하는 여성은 성폭력과 같은 수치심과 섬뜩함을 느낀다.

이 외에도 여성에게 룸빵녀(술집여자 같다는 느낌을 주는 단어인데 웹툰에서 자연스럽게 사용하고 있음)라고 하는 등의 비하적 이름을 붙

---

8. https://comic.naver.com/webtoon/list.nhn?titleId=626907

남자가 여자의 가슴을 보며 시선 강간 중.　룸빵녀 발언.

여서 함부로 호칭하는 것 자체가 문제이다. 이것을 본 많은 남성들이 아무런 의식도 없이 따라 하기 좋고, 그렇게 해도 되는 줄 아는 문화가 확산되기 때문이다. 이 웹툰은 성인용이 아니라 전체 이용이 가능하다. 특히 청소년들이 많이 보기 때문에 더욱 조심해야 한다. 이런 내용의 웹툰을 자주 보는 남성은 자신도 모르게 자연스럽게 남자 주인공의 시선으로 여성을 바라보기 쉽다. 뿐만 아니라 '룸빵녀'라는 좋지 않은 말을 아무 의식 없이 하는 잘못을 범하게 될 것이라는 걱정이 앞선다.

3) 여성다움, 너 여자애인데 목소리가 왜 이렇게 크니[9]?

영상에서 남자아이가 선생님께 큰 목소리로 인사하면 씩씩하다고 칭찬을 한다. 그러나 여자아이가 큰 목소리로 인사하면 "넌 여자애인데 목소리가 왜 이렇게 크니?"라고 한다. 또 똑같은 반장인데 남자아이한테는 중요한 일을 시키고, 여자아이한테는 잔심부름을 시킨다. 집

9. https://youtu.be/28bfk_j48Lk

에서 부모님이나 학교에서 선생님이 이렇게 남자아이에게는 큰 목소리를 강화하라고 칭찬하면서 반대로 여자아이에게는 그 내용에 상관없이 나긋한 목소리, 친절한 말투를 원한다. 큰 목소리로 말하면 오히려 거절당한다. '여자가 목소리는 저렇게 커서…'라는 걱정을 듣게 된다. 여자아이는 자기 목소리를 거부하는 사회적 경험 때문에 점점 주눅이 들고, 자기 주장을 하지 못하는 사람으로 성장하게 된다. 뿐만 아니라 남자 반장에게는 중요한 역할을 하도록 강화하고 여자 반장에게는 잔심부름만 경험하도록 하는 것은, 나중에 성장 이후에도 남성은 사회에서 주도적인 의사결정과 역할을 하도록 하고 여성은 보조적인 역할에 머물도록 하는 학습이라고 할 수 있다.

6.

TV 예능 프로그램에서
어린 여자에게 열광하는 이유

'여자는 아무것도 모를 때 얼른 연애하고 시집가야 한다.'

'여자 나이 스물다섯이면 꺾어진 쉰이다. 이후로는 노화가
시작된다.'

'복학생들이여, 스무 살 새내기 여학생을 노려라.'

'삼촌 팬, 삼촌 미소.'

'딸 같아서 만졌다.'

이렇게 어린 여자를 좋아하는 남자의 마음을 드러내는 말이나 행
동은 곳곳에 묻어난다. 심지어 걸그룹 멤버 중에서 나이가 많다고 구
박을 받는 여성의 나이가 알고 보니 스물여섯이다. 그런 말을 하는 이
들은 모두 40대가 넘은 아저씨들이다. '걸그룹'이란 말에는 10대의 어
린 나이라는 의미가 포함되어 있다. 40대, 50대 아재들이 진행하는 쇼

에 10대, 20대 여성 가수가 나와서 이야기를 하면 좋아라 웃고 넘어
간다. 그들을 가리켜 삼촌 팬, 삼촌 미소라 칭하고 친족의 이름을 붙
여서 성애적 감정을 배제한다.

한편에서는 유명 연예인들이 공영방송 TV 프로그램에 나와서 아내
와의 나이 차이가 16년, 18년, 20년이라고 밝힌다. 나이 차이를 서로
경쟁하듯 내세우며 결혼하는 것을 보여 주고, 더 어린 여성을 아내로
맞이하는 것이 마치 남성의 권력인 것처럼 부러워한다. 이렇다 보니
일반 남성들도 어린 여자를 선호한다. 아무것도 갖지 못한 상태의 만
만한 여성, 경제력도 부족하고 직업도 없는 어린 여성을 선호하는 드
라마를 만들어 보여 준다. 남성과 여성은 나이 권력에서 엄청난 차별
을 당한다. 여성은 어릴수록 가능성이 있는 나이로 그려지고, 남성은
40~50대의 중후한 권력자일수록 멋진 남자로 그려져서 딸 나이의 여
성을 성적 대상자로 꿈꾸게 한다.

또한 친족의 이름으로 행해지는 롤리타증후군이 문제다. 자칭 오빠,
삼촌이다. 오빠나 삼촌은 근친이라 성적으로 접근해서는 안 되는 사
람들이다. 그럼에도 불구하고 성폭력 가해자의 70% 이상이 '아는 사
람'이다. 거기에 들어가는 수많은 오빠와 삼촌들이 있다. 저항력이 없
는 어린 여자아이들, 부모님과의 불화를 두려워하여 말하지 못하는
경우가 허다하다. 심지어 강간당한 이야기를 털어놓았음에도 불구하
고 딸의 입을 틀어막는 엄마도 있다. 공지영의 『우리들의 아름다운
시간』에서 그녀는 매일 죽고 싶어서 미친다. 사촌오빠에게 강간당한
10대 딸의 울부짖음을 '닥치고 없었던 일'로 할 것을 강요한다. 엄마가
피해자인 딸의 말을 들어주지 않고 시숙의 재산과 권력질서에 균열을

내지 않음으로써 그들의 집안은 겉으로는 평화롭기 그지없다. 사실 이처럼 영화 같은 일들이 우리 주변에 얼마나 많을지는 모를 일이다.

7.
게임에서도 옷을 벗는 여자

남학생들은 게임을 하면서 많은 시간을 보낸다. 그 게임에 등장하는 남성과 여성 캐릭터를 보고 성차별적 요인을 찾아서 논의하기에 이르렀다.

여자는 왜 노출이 심한 옷을 입은 채 남자들을 성적으로 유혹할까('서든 어택 2'의 여성 캐릭터)

남자에게는 왜 항상 옷을 멋있게 입히고 강하게 묘사할까(온라인 게임의 남성 캐릭터)

실제 전투에서는 헬멧과 옷을 제대로 갖추어 입지 않은 사람은 다치거나 죽기 쉽다. 그런데도 게임에서 여성 캐릭터는 거의 옷을 벗다시피 하고 등장한다. 성적 과시를 하면서 나온다. 더욱이 남자 캐릭터는 모두 옷을 잘 입고 있기에 더 문제가 된다. 그리고 전투력과는 상관도 없는 가슴을 키워 놓았다. 그러므로 이 게임은 여성을 게임에서

조차도 성적 대상으로 여기도록 만들고 있다고 할 수 있다. 마치 여성의 최고 무기는 외모와 성적 매력이라는 듯이 전사마저도 성적인 요인만 보이도록 부각시키고 있는 게 문제다. 여자도 옷 좀 제대로 입히고 능력으로 승부를 하면 성적으로 평등해지고 음란적인 것을 줄일 수 있다.

내가 게임을 할 때는 이런 것을 인지하지 못했었는데, 이 수업을 계기로 우리가 흔히 접하는 일상에서 매체를 통해 여성을 성적 대상으로만 보도록 만들고, 여성을 비하하고 혐오하도록 한다는 것을 알게 된 유익한 시간이었다고 생각한다.

황○○(남, 중 3)

8.
노래 가사로 보는 성차별

대중가요에서 성차별적 요소를 찾아보는 모둠활동에서는 빅뱅의 〈빵야〉와 홍진영의 〈내가 니 오빠야〉라는 노래를 찾아서 가사를 분석했다.

* 〈빵야〉

빅뱅

난 깨어나 까만 밤과 함께
다 들어와 담엔 누구 차례
한 치 앞도 볼 수 없는 막장 게릴라
경배하라 목청이 터지게
찌질한 분위기를 전환해
광기를 감추지 못하게 해
남자들의 품위 여자들의 가식
이유 모를 자신감이 볼만해
난 보란 듯이 너무나도 뻔뻔히

니 몸속에 파고드는 알러지

이상한 정신에 술렁이는 천지

오늘 여기 무법지

난 불을 질러 심장을 태워

널 미치게 하고 싶어

B.I.G Yea we bang like this

모두 다 같이 총 맞은 것처럼(중략)

Let's go 남자들은 위로, 여자들은 get low

당겨라 bang bang bang let the bass drum go

남자들은 위로 여자들은 get low

당겨라 bang bang bang let the bass drum go

중학교 1학년 여학생이 이 노래의 문제점을 찾아서 지적한 것이다. 빅뱅이라 하면 이미 두터운 팬층을 가진 아이돌 그룹이다. 그들이 부르는 노래, 가사가 전달하는 메시지는 알게 모르게 많은 사람들에게 영향을 준다. 그 가사를 여성의 입장에서 자세히 보면 총소리가 들리고 광란의 밤, 어둠과 광기, 몽롱한 정신 상태에서 비명소리 가득한 폭력적 상황이 그려진다. 그런데 노래를 부르고 총을 쏘는 사람은 아이돌 그룹 빅뱅이다. 오늘 밤 끝장을 보자고, 빵야 빵 하면서 총을 쏜다. 그것도 모자라 남자는 위로, 여자는 아래로, 남자는 품위, 여자는 가식이라고 선언한다. 명백한 남성우월주의를 드러낸다. 비판적 시각 없이 환호할 문제가 아니라고 생각한다.

뿐만 아니라 빅뱅 멤버들이 근육질의 몸을 드러내면서 웃옷을 모두 벗고 등장하는 것도 폭력적인 상황이라 할 수 있다. 물론 옷을 벗고 남성들의 섹시한 몸을 보여 줌으로써 노래에다 덤으로 성적 판타지를 욕망하게 되고 이를 소비하게 한다. 모든 남성이 빅뱅과 같은 몸을 가지기는 어렵다. 이렇게 근육질 남성의 몸을 보여 준다는 것은 남성의 몸도 상품으로 소비하는 시대임을 의미한다. 남자들의 몸 만들기에 대한 욕구는 이미 거대한 시장을 형성하게 되었다.

'이런 여성비하 발언, 여성혐오적인 폭력 상황을 내가 자주 보는 것들에서 찾아보니, 내가 즐겨 보는 것들에도 이런 게 있구나'라는 생각이 들고 신기했다. 나는 평소에 이런 것들을 아무 생각 없이 봤는데, 사회 시간에 이렇게 찾아보니까 노래 가사마다 느껴지는 여성에 대한 비하적 발언이 너무 많은 걸 알게 되었다. 생각 없이 따라 하기만 하던 생활에서 생각을 하면서 비판적으로 보아야 하는 이유를 알게 되어 기쁘다.

* 〈따르릉 따르릉 내가 니 오빠야〉

홍진영, 김영철

Yeah 따르릉
1 2 3 4
니가 먼저 만나재 놓고
내 탓을 하지 마
니가 니가 나쁜 여자

내 탓을 하지 마

이런 놈 저런 놈 다 만나 놓고

내 탓을 하지 마

오빠야 오빠 오빠야 니 오빠야

오빠야 오빠 오빠야 니 오빠야

이런 놈 저런 놈 만나 봤겠지만

즐거웠겠지만

너를 사랑해 사랑해

따르릉 따르릉 따르릉

내가 니 오빠야

따르릉 따르릉 내가 니 오빠야

오오빠빠 내가 니 오빠야

오오빠빠 내가 니 오빠야 니 오빠야

"이 노래는 일단 남자가 여자에게 하는 말부터 어처구니가 없다. 오빠가 아닌 남자가 마치 오빠인 것처럼 행세하려 든다. '니가 나쁜 여자니까 내 탓을 하지 마, 이런 놈 저런 놈 다 만나 놓고 내 탓을 하지 마'라고 한다."

"여자의 의사와는 관계없이 남자는 자기가 사랑하니까 '내가 너의 오빠다'라고 하며, 전화벨을 시도 때도 없이 울려 대는 남자라는 느낌이 든다. 여자는 정말 괴로울 것 같다."

"이 노래 가사를 가만히 보면 '내가 니 오빠다'라고 하면 여자들이

혹 가는 줄 착각하는 모양이다. 마음에 두지 않는 남자가 만약 '내가 니 오빠다'라고 하면서 덤비면 무서울 것 같다."

"여자의 과거 연애사를 두고 이런 놈 저런 놈 만나 봤다는 등 이야기하면 예의가 아니라고 생각한다."

"일방적인 스토커 같은 남성이 이 노래를 들으면 자신의 심정과 일치시키면서 스토킹하는 것조차 합리화시킬 수 있는 위험이 있다."

"이렇게 수업 시간을 이용하여 여성혐오, 여성비하 발언, 폭력 상황을 찾아보니 우리가 흔히 보는 광고, 뮤직비디오, 드라마, 영화, 웹툰, 유튜브, 게임 등에 비일비재하게 널려 있는 소재라는 것을 알게 되었다."

이렇게 미디어에서 성차별적 요소를 찾아보는 수업을 한 결과, 민감한 반응을 보이는 학생은 7:1의 비율로 여학생이 높았다. 그만큼 남학생들에게는 익숙한 풍경이다. 여학생들도 미디어 곳곳에 성차별적 요소들이 공기처럼 자연스럽게 스며들어 있었다는 사실에 놀랐다. 우리가 이러한 의식과 문화를 자연스럽게 받아들이게 만드는 미디어를 비판적으로 보고, 그것에 대한 문제 제기를 하는 일이 중요하다는 것도 알게 되었다.

▶ 위와 같이 현재 우리가 보는 드라마(2019년 1월 2일 현재 방영 중인 KBS 〈하나뿐인 내 편〉, MBC 〈신과의 약속〉 등), 광고, 대중가요, 웹툰 등에서 성차별적 요소를 담고 있는 부분을 찾아서 이야기해 보자.

▶ 미디어 생산자와 소비자 관점에서 성평등 문화를 확산하려면 어떻게 해야 할지를 이야기해 보자.

10장

불편할 용기가 필요해

1.
여성=출산=엄마=돌봄=모성으로 이어진 불편한 시선

강릉에 다녀오다가 고속도로가 많이 막힌다는 소식에 국도를 이용했다. 큰길 여기저기에는 "엄마가 행복한 도시, 용인"이라는 현수막을 걸고 사진으로는 엄마가 아이와 함께 있는 사진이 걸려 있었다. 태교 도시, 출산도시를 내세우며 여성의 마음을 사로잡으려는 지방자치단체의 노력이 보였다. 그러나 나는 그 현수막을 보면서 불편한 마음이 들었다. 여성은 엄마가 되어야 한다고 공식적으로 강요하는 말인 것처럼 들려서였다. 엄마가 되는 데 방해물을 제거할 생각은 않고 엄마가 되라는 사회적 강요는 여성에게는 폭력이다.

여성이 행복한 도시, 여성이 안전한 도시, 여성이 마음 놓고 일하는 도시라고 한다면 수용이 더 되었을 것이다. 여성 중에서 출산의 가능성이 없거나 출산할 생각이 없거나 원하지만 안 되는 경우도 있을 것이다. 용인시의 슬로건을 보면 여성을 마치 출산과 육아를 하는 젊은 기혼 여성만을 말하는 것 같은 불편한 마음이 들었다. 사진과 현수막의 문구가 모두 그러하다. 결혼을 하든 안 하든, 출산을 하든 안 하든, 출생하는 여아부터 할머니에 이르기까지 모든 여성이 행복하고 안전한 사회를 원한다. 여성들이 행복한 도시를 만들면 출산율 증가는 덤으로 오는 선물이 될 것이다.

모든 살아 있는 생명체는 종의 번식을 본능적으로 희망한다. 인간도 마찬가지다. 모든 사람은 행복한 삶을 추구한다. 그 행복한 삶의 풍경에는 행복한 가정생활이 그려진다. 일하고 여가를 누리며 자녀를 낳아 함께 기르며 안정된 삶을 살아가는 미래를 꿈을 꾼다. 그러나 요즘 청춘들은 취업부터 연애, 결혼, 아이, 노후를 모두 포기하는 시대를 산다고 한다. 특히 여성들은 더욱 그러하다. 취업하기도 어렵거니와 천신만고 끝에 취업을 했다고 하더라도 결혼과 아이를 생각하기에는 어려움이 한두 가지가 아니다. 출산과 육아 문제는 그야말로 차원이 다른 벽에 부딪히는 모습을 보면서 포기하는 게 점점 늘어나게 된다.

결혼-가부장적 질서로 들어가기-출산-직장포기-독박육아-경력단절-행복맘 강요당하기의 세상을 거부하는 거다. 그런데 아무 대책도 없이 이런 여성들을 보고 "요즘 여자들은 이기적이라서 결혼도 안 한다, 결혼을 해도 아기를 안 낳는다"고 비난하기 바쁘다. 적어도 남성들이 여성의 마음을 알아주기라도 하고 나서, 나아가 페미니스트로 살기로 하고서, 성평등한 세상으로 바꾸고 나서 결혼하자, 아기 낳자고 한다면 싫다 할 여성은 별로 많지 않을 것이다. 그렇게 되면 아기를 낳는 엄마만 행복한 사회가 아니라 모든 여성들이 행복해질 것이다. 더불어 행복한 여성들과 함께 사는 모든 남성들도 행복할 것이다.

지난 10년간의 출산율 장려 정책과 지원에도 불구하고 2018년 우리나라의 합계 출산율은 역대 최저인 0.98명[1]으로 세계에서 가장 낮

---

1. 2019년 2월 27일 연합뉴스 보도, 통계청 발표자료 '2018년 인구동향조사 출생·사망통계 잠정 결과'.

은 출산율을 나타내었다. 이를 보도하면서 언론에서는 인구정책이 실패한 것이라고 한다. 지난 10년간 출산율 증가를 위해 쏟아부은 돈이 126조 원이라고 한다. 지방자치단체마다 출산하는 엄마에게 출산장려금을 적게는 100만 원에서 셋째일 경우 많게는 500만 원까지 다양하게 지원을 했다. 그러나 태어나는 아기는 500만 원으로 모든 게 해결되지 않는다.

또한 출산율을 장려한다는 우리 사회는 여전히 정상 가족 이데올로기가 만연하다. 어떤 경우이든지 간에 태어나는 모든 아기는 무조건 축복하고 아기와 엄마가 마음 놓고 살 수 있는 사회 환경을 만들어야 한다. 그렇지 않으니 미혼모나 어려운 환경의 여성인 경우에 아기를 낳더라도 키우기가 더 어렵다. 미혼모라는 사회적 비난과 낙인, 나아가 아기를 돌봐야 하니까 일자리마저 없어서 진퇴양난이다. 그러면서도 결혼하지 않거나 결혼을 하더라도 출산하지 않는 여성을 향해 우리 사회는 비난을 서슴지 않는다. 이기적이라고 말이다. 게다가 출산율을 늘리는 데 기여하지 않는 여성에게 뭔가 사회적 징벌의 의미로 싱글세를 도입하자는 발상까지 했다. 물론 빗발치는 항의에 꼬리를 내리기는 했다. 형식적으로는 싱글세 명목의 세금은 따로 없다. 하지만 싱글은 부양가족이 없는 경우에 공제받을 명분이 없어서 세금을 많이 낼 수밖에 없다. 싱글세를 부담하고 있는 것과 마찬가지의 세금을 내야 하는 실정이다.

그렇다고 해서 결혼이 대안이 될 수도 없는 세상이다. 한국 사회에서 결혼이라는 제도 속으로 들어가면 '하나의 침대에 부부만 있는 게 아니라 양가 어른들 넷이 더 누워 있는 양상'이라는 말에서 알 수 있듯이 가족관계에서 강요되는 부분이 있다. 결혼하면 그날부터 시댁 식구들의 온갖 서비스를 들어 주는 걸 당연하게 여기는 풍토가 있다. 결혼 후에도 직장 다니면서 경제활동을 하는 상황에서 쉬기 어려운 환경에 처한다. 직장생활 하는 것과 가정생활을 같이 경영하기도 어려움이 많다. 누군가 말했다. 결혼은 정확히 손해 보지 않을 때에 성립하는 것이라고.

그런데 지금 우리 사회는 여성에게 일방적인 손해를 감수하면서 결혼하는 여자, 출산하는 여자, 그것도 다산하는 여자, 독박육아에도 군소리하지 않는 여자, 돈 잘 버는 여자, 미모와 애교를 지닌 여자, 똑똑하지만 남자에게 순종하는 여자, 시댁 식구들에게도 기꺼이 시간을 내고 돈을 쓰고 노동을 하는 여자가 되라고 한다. 분명 손해를 보는데 누가 그 패를 덥석 쥐고 싶을까? 이미 결혼을 한 여성도 물릴 수 있다면 무르고 싶은 마음이 많을 터인데 말이다. 이러한 사회문화적인 개선 없이 출산율 낮은 이유가 마치 '여자가 이제 애도 안 낳으려고 하는 이기적인 존재'이기 때문이라고 매도한다. 많은 여성들이 아기 낳고 행복하게 사는 걸 꿈꾼다. 그러나 그 본능마저 억압해야 하는 사회에서 살아남기 위하여 여성은 오늘도 고군분투하고 있다.

7월 초에는 인구계기교육을 하라고 공문이 왔다. 어떻게? 학생들에게 물어보았다.

"여러분 중에서 장차 결혼하고 아기 낳고 엄마, 아빠 되고 싶은 사람은 손들어 보세요."

많은 수의 남학생이 손을 들었다. 여학생들도 몇몇 손을 들었다. 당연하다고 말했다. 당연히 결혼하고 아기를 낳아 기르며 오순도순 살고 싶은 것은 많은 사람들의 희망사항이다. 그런데 그렇게 할 수 있도록 일자리 보장, 안정적인 수입, 아기를 낳아 기를 수 있는 사회적 환경, 육아와 교육의 사회적 지원 등이 보장되지 않는다면 출산율 감소로 인한 인구문제를 막을 수 없다. 저출산·고령화 사회의 역기능을 모르는 사람은 없을 것이다.

어떤 정책이 내게 오려면 그것이 나의 삶에 어떤 영향을 주는가 하는 것이 현실적인 문제이다. 공염불에 불과한 정책을 믿고 따르라는 식은 이제 먹히지 않는다. 시민들 간의 상호 네트워크인 SNS의 힘은 대단하다. 현실 따로, 이론 따로 식의 인구정책을 내놓으며 여성들을 출산하지 않으려는 이기적인 존재로 문제의 근원을 여성에게 돌리는 것은 여성혐오를 키우는 것과 다름없다. 아직 아무것도 결정되지 않았지만 남학생들은 지레 겁을 먹는다. 절대적인 수에서 여학생들이 결혼하려는 희망이 적기 때문이다.

통계에서 나타나듯 여성에게 결혼은 필수가 아닌 선택사항이 되었다. 남녀 간에 결혼을 원하는 비율의 균형이 맞지 않다. 그러다 보니 남성들은 쉽게 말한다. '여성들이 이기적이라서 결혼도 싫다, 출산도 싫다'고 하는 것 아니냐고 억울해한다. 여성이 이기적이라서가 아니라 결혼 이후의 삶이 여성에게 일방적 희생을 강요하는 사회라서 그렇다는 것을 남학생들은 아직 모르고 있다. 다만 여학생들은 희미하게 자신들의 존재가 직면한 문제임을 자각하기 시작한다.

2.
호칭으로 길들이는 가부장제

오빠에게 덤비지 마. 오빠가 누구인가? 형제 서열에서도 나보다 위의 남자 형제를 말한다. 가족의 권력서열 2위이다. 아버지 다음의 권력자가 바로 오빠다. 예부터 우리나라 유교 질서에서 여인들에게 가르친 것이 바로 삼종지도이다. 태어나 자랄 때는 아버지의 뜻을 따르고, 결혼을 하면 남편의 뜻을 따르고 남편이 죽은 뒤에는 아들의 뜻을 따르는 것을 말한다. 그런데 아버지를 일찍 여의게 되면 그 집안의 가장은 오빠가 된다. 어머니 중심의 가족이 아니라 오빠를 중심으로 어머니를 모시고 동생들을 건사하게 만들었다. 이때 어머니도 동생들도 모두 가장이 된 오빠의 눈치를 보며 사는 수밖에 없다. 오빠도 어머니와 동생들을 보호해야 한다는 막중한 의무감에 사로잡혀 힘이 들 때가 많을 것이다. 그러다 보니 오빠는 두려운 존재가 되고 평등한 관계가 아닌 수직적 지위를 가진 권력자가 된다. 가족관계에서 오빠는 함부로 해서는 안 되는 존재가 된다.

그런 혈연관계를 나타내는 오빠라는 호칭이 연인관계, 선후배관계, 부부관계에까지 혼동되어 쓰이기 시작했다. 정확한 호칭이 정확한 관계를 만드는 데 중요한 기능을 한다. 연인관계나 부부관계는 나이 차이를 따지지 않고 평등한 관계를 만들어야 한다. 따라서 이때 호칭은 서로 "0○○씨"라고 부르는 것이 가장 좋을 것이다. 만약 이들 연인이 결혼을 한다면 전처럼 "○○씨, 혹은 여보-당신"이라고 부르면 된다. 그런데 간혹 아이 이름을 앞에 붙여서 부부 간에 부를 때에도 "○○엄마, ○○아빠"라고 부르는 경우가 흔히 있는데, 이는 남편이나 아내를 아이 엄마나 아이 아빠로 인식하는 데서 오는 것이라고 생각한다. 누구 엄마, 누구 아빠 되기 전의 자연인 '○○씨'이거나 자신을 기준으로 '여보-당신'이라고 해야 평등한 관계를 자연스럽게 지향할 수 있다.

그런데 어느 날부터인지 연인 사이에서도 여성이 남성에게 '오빠'라고 부르는 모습이 보이기 시작했다. 나이가 동갑이어도 '오빠'라고 부르기를 원한다. 그러던 연인이 결혼을 한 뒤에도 나이가 마흔이 지나고 쉰이 지나도록 한번 '오빠'는 영원한 '오빠'가 된다. 그렇게 되면 가정 내에서 '오빠'의 시혜를 바라게 한다. 오빠에게 함부로 덤빌 수가 없지 않은가 말이다. 그래서 오빠라는 호칭은 남성에게는 매우 달콤하여서 '오빠'라고 부르기를 채근하는 남자가 많다. '오빠라고 부르는 네가 귀엽다. 사랑스럽다. 그리고 오빠로 불리면 나는 기분이 좋다'가 그 이유다. 엄격히 말하면 가부장적 질서를 은연중에 자리 잡는 거다. 의도하든 의도하지 않았든지 간에 말이다. 그러면서 "오빠 믿지? 오빠 한번 믿어 봐. 오빠가 최고야"라고 속삭인다.

경상도에서는 '오빠'라고 부르지 않는다. '오빠야'라고 부른다. 부를 때 하는 말이다. '언니'라고 부르지 않고 '언니야'라고 하는 말과 같다. 그런데 이 '오빠야'라는 말이 애교의 대명사가 되었다. 억센 경상도 사투리라고 구박받던 말 중에서 유독 '오빠야'라는 말만 홀로 떨어져 나와서 남자들이 사르르 녹는 표정을 짓게 만드는 말로 둔갑을 했다. '오빠'라는 말이 지닌 묘한 가부장적 질서와 성적 뉘앙스를 합친 표현이다.

'오빠'도 아닌 것이 '오빠' 짓을 하려고 들 때, 즉 관계의 불평등한 모습으로 주도권을 장악하고자 할 때, "오빠 믿지?"라고 할 때를 의도한다. 그래서 1980년대 대학가에서는 남자 선배를 '형'이라고 불렀다. '○○형' 또는 '○○선배'라고 부를 뿐 여성성과 남성성이 드러나는 '오빠'라는 호칭은 금기시되었다. 친족 외에는 '오빠'는 없었다. 그러니까 30년 전보다 지금이 더 여성성을 강조하고 강제하는 수준이 높아서 여성들이 이중 삼중으로 고생한다고 할 수 있다.

정확한 호칭 속에 정확한 관계 정립. 여성들이여, 평등을 지향하는 호칭으로 연인이나 남편을 부르자. 연인이 되거나 부부가 된다는 것은 나이를 막론하고 평등한 관계를 의미한다. 서로 이름 뒤에 '○○씨'라고 호칭하는 것이 가장 동등한 관계를 나타낸다. 반말이면 서로 반말, 높임말이면 서로 높임말을 사용하는 것도 좋을 것이다.

한편 결혼한 부부는 그 가족들을 관계에 맞게 부르는 호칭이 있다. 남편의 부모님을 "어머님, 아버님"이라고 부른다. 그 외 시부모님의 형제자매는 남편이 부르는 호칭을 그대로 하되 뒤에 '님'을 붙인다. 작은 아버님, 고모님, 이모님과 같이 말이다. 남편의 형제자매 중에서 손위 시누이는 형님, 손아래 여동생은 아가씨, 남동생은 도련님, 서방님이라 부르고 형이 있다면 아주버님이라고 부른다. 즉 관계와 별도로 부르는 호칭이다. 반면에 처가에는 아내의 부모와 그 형제들, 아내의 형제자매를 어떻게 부르는지 보자. 장모님, 장인어른, 처형, 처제, 처남, 처남댁이라고 부른다. 관계를 나타내는 명칭이 곧 호칭이다. 항렬이 부모와 같은 경우에도 처삼촌, 처고모라고 한다.

남편의 부모님을 비롯하여 형제자매에게는 결혼 전에 한 번도 써보지 않았던 극존칭으로 그 가족을 우대하고 있으나, 아내의 부모나 형제자매에게는 관계를 나타내는 말이 그대로 호칭이 되고 있다. 그러니 결혼 후의 여성과 남성의 생활은 뻔하다. 남성은 그대로 자신의 원가족을 중심으로 생활을 유지하되, 아내만 편입된다. 그러나 여성은 원가족과 거리를 두고 새 가족인 남편의 가족을 우선적으로 고려해야 "그 집 며느리 참하다"는 소리 내지는 그것을 당연하게 여기는 사람들 사이로 진입하게 된다. 그러다 보니 어찌 갈등이 없겠는가?

3.
나에게 주는 명절 휴가

그 밖에도 결혼을 하면 남자 가족 중심으로 돌아간다. '명절은 시댁 먼저, 친정은 가게 되면 가는 집' 정도로 생각한다. 그러니 친정을 가려면 시부모나 남편의 동의가 필요하다. 그렇지 않으면 싸울 준비를 해야 하니까 대체로 좋은 듯이 명절을 보내노라면 여성들은 명절증후군이 있기 마련이다. 노동이 고되어서만은 아니다. 이래저래 눈치 보며 비위를 맞추어야 하고 돈 쓰고 몸 쓰고 마음까지 온전히 바치는 것을 당연히 여기는 남편의 가족들을 견뎌 내야 하기 때문에 명절증후군이 생긴다.

이러한 명절 문화가 바뀌지 않는 한 점점 명절증후군을 견디느라 애쓰는 여성들은 늘어날 것이다. 그러다 명절 파업을 하는 날도 올 것이다. 명절만이 아니다. 친정 부모 생일은 멀다, 바쁘다는 이유로 전화한 통으로 끝나기도 하지만 시부모 생일은 먼 거리라도 얼굴을 보이거나 상차림까지 하기를 바라기도 한다. 바람은 바람으로 끝나게 하고 현실이 되지 않도록 하면 될 일이다. 명절, 생일, 제사와 같은 일에 며느리의 노동과 얼굴을 보여서 집안사람들에게 체면 세우기를 중시한다. 원하는 것을 모두 만족시키려면 며느리 죽어 나간다. 'B급 며느리'

아니면 '착한 며느리 기대 불가', 각자의 위치에서 열심히 살기로 마음 고쳐먹으면 서로 좋은 일일 것이다.

왜냐하면 그 며느리도 밖에 나가서 직장생활을 하는 경우가 대부분이다. 아침부터 저녁까지 고된 노동의 현장에 있는 사람이다. 그러다 보니 그녀에게도 휴식이 필요하다. 명절은 직장인에게는 황금 같은 연휴이다. 그런데 그걸 몽땅 시댁과 친정을 오가느라 소비하는 건 누구를 위한 명절인가? 이런 물음이 오갈 수밖에 없다. 심지어 명절증후군을 말하는 여성을 두고 "배가 불러서 하는 소리네. 일 년에 두 번, 그것도 안 하려 하네"라고 비난하는 사람이 있다면 장차 일이 걱정이다. 결혼한 모든 여성에게는 명절이 두렵다. 나를 억누르고 넓은 의미의 남편의 가족들을 위해서 명절 휴가 다 보내고 먼 길에 고생하는데 고생한다 말 한마디 없이 당연하게 받아들이는 사람들 때문에 더욱 우울한 것이다. 아무 일을 하지 않았다 해도 명절 그 자체가 힘든 거다. 아내에게 명절 쇠느라 고생했다고 치하하는 말을 아끼지 말아야 하는 이유가 여기에 있다. 한걸음 더 간다면 그녀에게 그녀만의 명절 휴가를 보내도록 하자고 제안한다. 두 번의 명절 중 한 번은 그녀만의 시간을 가지도록 한다면 명절증후군은 혹 사라질지도 모를 일이다.

2017년 추석 명절은 9일 동안의 휴일이 이어지는 황금기였다. 직장에 다니는 사람들은 이 추석 명절을 쉬기 위하여 사표를 던지지 않고 견딘다고 할 정도로 기다려지는 시간이었다. 우리 집도 4명 중에서 3명이 직장생활을 하고 있었기에 당연히 기다리는 휴가 기간이다. 그런데 결혼한 여성에게는 명절 휴가가 긴 것이 좋기만 한 것은 아니다. 정신없이 갔다가 출근을 이유로 빨리 올라오는 것이 오히려 좋을 수 있다. 열흘이나 되는 긴 명절 휴가 기간을 시댁에서 많은 식구들과 보내면서 감정노동, 몸노동 하려면 힘이 드는 일이다. 남편이야 자기 원가족들 사이에서 행복한 시간을 보낼 수 있다. 그러나 아내는 시댁 친척들 인사치레하고 며칠 빼서 친정 다녀오고 하는 일이 반갑기만 한 것은 아니다. 지친 몸과 마음을 알아주는 사람이 있는 것도 아니다. 돈은 돈대로 써야 부모 형제도 좋다고 한다. 일가친척도 마찬가지다. 직장생활을 하느라 50대의 조카는 이제 누구를 만나도 그냥 돌아서지는 못한다.

우리 집 명절 해외여행 사건은 직장을 다니는 큰아이가 추석 명절에 여행을 가겠다고 하면서 시작되었다. 그냥 지나가는 말인 듯 스치듯 물었다. 엄마하고 취업 준비하는 동생하고 같이 가고 싶다고 말이다. 나는 덥석 물었다. "나도 가고 싶다고, 9박 10일 정도의 인도 여행"으로 행선지까지 정하고 밀어붙였다. 무엇보다 결혼한 지 27년 만에 처음으로 명절에 여행 가는 것이고, 부모님 모두 건강하시니까 가능한 일이며 우리도 직장생활을 하느라 지친 몸인데 평생 있을까 말까 한 긴 명절연휴를 시댁에서 모두 보내고 싶지 않았다. 남편이 문제였다. "아빠도 같이 가면 좋을 텐데, 물어보고 결정하자"고 우리끼리 먼저 여행지를 알아보기 시작했다. 난색을 표하거나 명절에 어딜 가느냐고, 아이들은 어쩔 수 없다 치더라도 본인은 안 간다고 할 줄로 생각했는데 예상은 빗나갔다.

"좋아. 나도 이번 추석 명절에 우리 가족끼리 여행 갈래. 할머니, 할아버지한테는 아빠가 말씀드릴게"라고 약속을 했다. 예상하지 못한 의외의 반응에 놀란 우리는 일사천리로 여행 스케줄을 짜고 명절증후군에서 벗어나 행복한 여행자가 되는 준비를 했다.

추석 명절에 해외로 여행을 간다는 말을 설 명절에 가서 말씀드리겠다는 남편의 약속은 차일피일 미루어지기 시작했다. 그러다 추석 명절이 되기 3주 전, 2주 전, 1주 전으로 카운트되기 시작했다. 주말마다 장거리의 부모님 계신 곳을 가기 시작했다. 바쁜 일정을 소화하고 있는 나와 아이들을 앞세우고 싶어서 안달이 났다. 우리는 사양했다. "약속을 지켜라. 부모님께 말씀드린다고 했고, 본인이 가겠다고 했으니 문제 해결을 해라."

그가 원하는 것은 다 같이 가서 '추석에 여차여차해서 못 오게 되었으니 용서하시라'는 말을 하자는 것이었다. 나와 두 딸은 그렇게 하고 싶지 않았다. 우린 아무런 죄의식 없이 당당하게 명절 휴가를 즐기고 싶었다. 우리가 여행을 나가는데 왜 죄의식을 강요하는지 납득이 되지 않았다. 그리고 왜 명절에 우리는 거기에(시댁인 구미)만 있어야 하는지, 내 인생을 내가 좋아하는 사람들과 즐기면 왜 안 되는지 설명도 못하면서 쩔쩔매고 있었다. 시어머니에게 전화를 해서 자초지종을 말씀드리라는 조언을 해 주는 분도 있었다. 그러나 나는 그렇게 하지 않았다.

내가 왜 명절에 시댁에 가서 노동 봉사를 하지 않고 해외여행을 가는 못된 며느리 대우를 받아야 되느냐고 반문하고 싶었다. 나는 그동안 시집와서 27년간 해마다 추석, 설 명절 어느 한 해 빠진 적 없이 시댁 가서 일했다. 그들은 이것을 너무 당연하게 여겼다. 적어도 5년에 한 번 내지는 늦어도 10년에 한 번은 포상휴가라도 주어야 하는 것이 인지상정이다. 어디 그뿐인가? 해마다 돌아오는 시부모 생신, 회갑, 칠순, 팔순 챙기는 일은 당연하지만 정작 내 생일은 시댁 식구 중에서 아무도 기억해 주지 않아도 그러려니 해야 한다. 어쨌든 추석 명절 해외여행 건은 남편이 자기 부모에게 말해야 하고 설득을 하든 못하든 그의 몫이며 그다음 문제는 그들의 문제이므로 나는 신경 쓰고 싶지 않았다. 가부장 사회에서 추석명절에 부모에게 가지 않고 해외여행을 간다는 것 하나만으로 남편은 엄청난 일탈을 했고 부모님은 너무나 허용적인 분이 되었다고 그는 생각한다. 명절에 가족모임에 가지 않은 것만으로 죄의식을 강요할 수 있을까? 또 부모 형제들에게 좌불안석, 미안해하지 않아도 된다. 왜? 다른 사람들도 형편대로 그리 할 수 있도록 길을 열었다고 생각하면 될 터이니 말이다. 기존의 가부장적 질서는 공고하고 그들의 요구는 끝이 없다. 이제는 내가 달라졌다. 나는 그렇게 살고 싶지 않을 뿐이다. 그럼에도 불구하고 나도 내 뼛속까지 스며든 가부장적 질서와 문화 때문에 검증을 해야 하는 일이 일상에서도 너무 많다.

일찍이 내가 주장한 것이 '효도는 셀프' 서비스라는 생각이다. 결혼했다는 이유만으로 남자 가족 중심으로 하지 말고 각자 알아서 자기 부모는 자기가 효도하고, 굳이 세트로 다니면서 '부부 전선 이상 없다'고 하지 않아도 되니까 명절에도 원가족 찾아가는 날이 오면 좋겠다는 거다. 이렇게 되면 며느리의 노동과 친절 서비스를 필요로 하는 시댁에서 아쉬운 감이 있을 것이다. 딸 가진 집에서는 딸이 오니까 문제가 없다. 사위가 오면 더 힘이 든다. 매 끼니 때마다 무슨 음식을 해야 할지 걱정이 되기 때문이다. 아직도 사위는 백년손님이라 생각하니 대접해야 하고 일하지 않는 게 기본이다. 사위가 놀다가 잠이라도 자면 오죽 피곤하면 저렇게 곤하게 자느냐고 안쓰러워하고 조용조용 이야기하며 문을 닫아 준다.

여성은 명절에 시댁에 오면 앞치마부터 입고 부엌으로 가서 일하는 모습이 일반적이다. 거기에 다른 집 며느리와 비교당하면서 싹싹한 며느리, 돈 잘 버는 며느리, 시부모님에게 잘하는 며느리가 되어야 하는 부담을 주니 얼굴은 웃고 있어도 마음은 편할 리가 없다. 착한 여자 콤플렉스에서 벗어나 당당하게 나에게도 명절 휴가를 스스로 주어야 한다. 꼭 해외여행을 가서가 아니라 혼자만의 시간을 보내거나 친구를 만나 맛난 걸 먹으며 수다를 떨거나….

혼자만의 시간이 필요하다는 그녀들에게 나쁜 여자라 하지 말고 다양한 즐거움을 추구하는 것을 인정하는 시대를 이제는 살아야 하지 않을까? 부모님은 굳이 명절이 아니어도 찾아갈 시간을 만들면 될 일이다.

4.
남자는 과묵해야지

"남자는 원래 과묵하지. 남자가 과묵한 거야 어디 흠이 되
느냐?"

"남자가 말만 앞세우면 안 되지. 과묵한 편이 훨씬 낫지."

이건 옛날 말이다. 소통이 중시되는 요즘 같은 세상에 말을 안 하고
있으면 그 속을 누가 알까? 꼭 말을 해야 아느냐고 하지만, 그렇다. 말
을 해야 그 사람 마음을 알 수가 있다. 말을 듣고 그 사람이 무슨 마
음인지 화가 났는지 억울한지 기쁨에 들떠 있는지 불안한 일이 있는
지 자초지종을 들어야 알 수가 있다.

뿐만 아니라 말에도 품격이 있다. 옛날부터 '아' 다르고 '어' 다르다
고 했다. 같은 말을 하더라도 뉘앙스에 따라서 심술이 났는지, 무시하
는 발언인지 존중하는 말인지를 알 수가 있다. 그런데 이 모든 걸 통
치고 과묵한 것을 미덕으로 삼으면 그의 속마음은 어떤 방식으로 전
달될 수 있을까? 사실 사람은 자신의 마음속조차도 아침 다르고 저
녁 다르다. 이랬다 저랬다 하루에도 수없이 생각이나 마음이 변하기도

한다. 철석같이 믿었던 사람이 어느 날 뒤통수를 치기도 한다. 그래서 말이 필요하다. 말은 마음을 담은 내용을 드러내는 방법이다. 그 말의 힘 때문에 사람은 더욱 마음을 다잡고 자신이 한 말에 책임을 지고자 한다. 상식적인 사람이라면 말이다. 그런데 말을 하지 않는 사람의 마음을 무슨 수로 알아내는가 싶다. 남자들은 쉽게 자기변호를 한다.

"말 안 한다고 모르느냐? 이심전심 다 통하는 게 있는 거지. 남자는 낯이 간지러워서 말을 못하지. 마음은 늘 그 자리에 있지."

"외국 영화를 보면 그 문화를 알 수 있듯이 서양 남자들은 아침저녁으로 만날 때마다 사랑한다고 말하더니 갑자기 새 애인이 생겼다면서 떠나기도 하고 그렇더라. 차라리 말 한마디 못하지만 언제나 그 자리에 있는 한국 남자가 더 진국이다."

'한마디 말이 천 냥 빚을 갚는다'는 말이 있다. 즉 말 한마디를 잘하면 천 냥이나 되는 엄청난 빚도 탕감받을 수 있는데 그걸 못하니 천금같다는 부부 인연도 말 못해서 헤어지고 인생에서 엇박자가 나기 시작한다. 말 못해서 맞이하게 되는 파국은 참 많은 것 같다. 다정한 말 한마디로 평생 가슴에 쌓아 둔 화를 풀고 저세상으로 갈 수 있는 시간을 허락받은 사람들도 그 말을 하지 않는다.

"그때 사람들은 다 그랬다. 남자가 무슨 말을 할 줄 알까? 남자는 말을 못해"라는 말은 사실 거짓이다. 다정한 말을 할 줄 모른다면 폭력적인 말도 안 해야 한다. 다정한 말은 낯간지러워서 못하고 욕을 하거나 소리를 지르는 것과 같은 폭력적 언어는 잘 사용하니, 모순이라도 이런 모순이 없다. 고마운 소리를 못하면 안 좋은 말도 아예 그 입밖으로 나오지 않아야 하는 것이다. 고마운 말은 못하면서 화내고 소리 지르고 눈을 부라리는 폭력적 상황 연출은 너무 익숙한, 이런 아버지를 보고 아들들이 자랐다. 콩 심은 데서 콩이 난다. 언어적 폭력, 물리적 폭력은 잘도 하면서 고마운 말 한마디는 못하는 것이 과묵한 남자의 본심이런가?

5.
대접받는 일은 황홀해

누구나 대접받는 일은 황홀하다. 여성들이 왜 외식하는 걸 좋아하느냐고 묻는다면, 대접받는 기분이니까. 물론 돈을 지불하지만 그 대가로 나에게 밥상을 차려 주기 때문이다. 밥상을 차리는 여자, 밥상을 받는 남자라는 구도는 너무 당연해서 여기에 문제를 제기하면 나쁜 여자 되는 건 시간문제다. 남자로 태어나서 아내를 얻어 남편이 되면 밥상 서비스를 평생 받을 수 있다. 그러니 남자는 결혼하고 싶다. 아내를 얻으니까.

그래서 여자들도 아내가 필요하다. 밖에서 힘들게 노동을 하고 돌아와 또다시 총총총 밥상을 차리느라 에너지를 고갈시킬 게 아니라 나에게 밥상을 차려 주는 아내가 있으면 좋겠다. 그러면 식사를 하면서 여유 있게 두런두런 이야기할 수 있을 것 같다. 밖에서 돈 버는 일과 집에서 재생산 노동을 하느라 에너지 고갈 상태에 있는 사람에게 여유는 없다. 자신도 미처 알아채지 못한 분노와 화가 차곡차곡 쌓이고 있을 뿐이다.

그러면 일을 하지 않아야 한다. 일을 하지 않고 힘들다고 누워 있든가 사표를 쓰든가 해야 할 일이다. 집안일은 같이 하면 힘들다는 생각

없이 쉽게 하지만, 혼자 하면 화가 나기 마련이다. 일하는 사람의 수고를 희생 삼아 다른 가족들은 평안을 누린다. 아내의 가사노동을 당연하게 여기며 핸드폰 삼매경, 컴퓨터 앞에 껌딱지처럼 붙어 앉아 있다면 위험하다는 신호다. 집안일을 정확히 나누어 하기란 어렵다. 가사노동의 80~90%를 보통 아내가 하면서 일상이 꾸려진다.

남편들이여, 아내 없이 1일, 1주일, 열흘 내지 보름 정도 직접 체험을 해 보는 것도 의미 있는 일이다. 아내에게 '가사노동으로부터의 휴가'를 내고 친구들과 여행을 가도록 배려하자. 오직 자신만을 위한 힐링의 시간을 가질 수 있도록 딸린 가족은 모두 그대로 남편에게 맡기고 말이다. 이때 원칙은 남편이 모든 가사노동을 직접 하는 것이다. 외식도 하지 않고 다른 사람의 도움 없이 아내가 하던 일을 그가 대신하는 것이다.

남자의 눈에는 재생산을 위한 가사노동이 보이지 않는다. 여자는 현관에서 신발을 벗는 순간부터 집안일이 주르륵 스캔이 된다. 그러니 안 할 수가 없다. 내가 움직이지 않으면 밥은 없다. 밥상은 차려지지 않는다. 빨래하지 않으면 곧 입을 옷이 없다. 청소하지 않으면 발로 차면서 다녀야 하고 곧 손을 쓸 수 없도록 쓰레기가 차일 것이다. 가사도우미를 쓰자고 하니 남자는 "그건 아닌 것 같다. 내가 할게"라고 한다. 돈은 아까운 모양이다.

일하는 여성에게 가장 현명한 방법은 나는 나의 일을 하고 집안일은 가사도우미를 고용해 일자리 창출에도 기여하는 것이다. 그런데 가사도우미를 쓸 만큼 경제적 여력이 없으니 그게 문제다.

가사노동을 가족들이 모두 같이 한다면 얼마든지 할 수 있을 것 같기도 하다. 몇 번 정도는 같이 하기도 한다. 그러나 곧 여자만 일을 한다. 인생이 억울해지기 시작한다. 여성이 가족들을 위해서 하는 가사노동은 국내총생산에도 포함되지 않는다. 돈으로 환산되지 않기 때문이다. 자본주의 사회에서 돈으로 환산되지 않는 일은 부차적이고 가볍게 여겨진다. 대체로 여성들이 하는 가사노동이 바로 그런 경우이다. 돈을 지불하지 않으니 하찮은 노동이라고 생각하는 거다. 가사노동을 스톱한 상태로 일주일만 살아 보면 그것이 얼마나 위대한 노동의 희생이었는지 알 일이다.

우리 사회문화는 여성들을 가족주의로 몰아넣고 가족의 이름으로 희생을 강요했다. 그 가족이란 혈연관계를 중심으로 한 정상 가족 이데올로기이다. 여자가 가족의 울타리를 이탈하는 순간 함부로 해도 되는 사람인 것처럼 업신여김을 당했다. 그래서 자리보전한 채로 목숨만 붙어 있어도 남편이 있는 게 낫다고 할 정도이다. 반대로 아내가 아프다고 사흘만 자리보전하면 싫은 내색을 하는 게 남자라고 한다. 아내가 남편을 평생 수발들고 돌보는 일은 모든 여자가 하는 일이라 여기고 새삼스러울 것도 없어한다. 그러나 남편이 병든 아내를 돌보거나 간병을 하게 되면 세상이 그의 수고를 칭송한다. 아내의 간병 서비스는 당연하고 남편의 간병 서비스는 훌륭한 행동이 된다. 우리 사회는 이렇게 같은 행동, 다른 가치를 부여한다.

그런데 재미있는 연구 결과[2]가 있었다. 가부장적인 사회에서 남성은 아내가 있는 경우에 더 오래 살고, 여성은 남편이 없는 경우에 더 오래 살았다. 이는 남성은 아내의 돌봄으로 장수했고, 여성은 돌봐야 할 사람이 없으니 편히 살았다는 것을 입증한다.

2. 최승범, 『저는 남자이고, 페미니스트입니다』, 29쪽 재인용. 『중앙일보』 2002년 11월 8일.
　　2002년 11월 19일 데이터뉴스 제공: 평균수명이 높기로 유명한 일본 에히메 대학 의
학부 연구팀이 수명에 관한 재미있는 연구 결과를 발표했다. 마쓰야마시 한 농촌의
60~84세 이상 노인 3,136명을 4년 반 동안 추적 조사한 결과, 남성은 '부인이 없는 사
람'이 '있는 사람'에 비해 사망률이 80%나 높은 반면, 여성은 '남편이 있는' 경우 '없는
경우'에 비해 55%나 사망률이 높은 것으로 나타났다.
　　남성은 흡연, 음주, 각종 질병이 사망 원인으로 작용했지만, 여성은 오직 남편이 있다
는 사실 자체가 사망률을 높이는 요인으로 작용했다는 것이다. 가부장적이기로 유명한
일본 농촌이라는 점을 감안하면 매우 설득력 있는 조사 결과이다. 결혼생활에서 받는
스트레스에 더 민감하게 반응하는 쪽은 여성인 경우가 많고, 이것이 여성의 사망률을
높이는 방향으로 작용했을 가능성이 높다고 추측해 볼 수 있다.

6.
효도는 셀프서비스

　흔히 아들이 꼭 있어야 한다는 생각은 아들에게 노후를 의탁하는 게 자연스러웠던 사회적 경험 때문일 것이다. 아들 중에서도 장가간 맏아들에게 유독 그 짐을 지게 했다. 그러나 맏아들이라 하더라도 장가를 가지 않았거나, 이혼을 했거나, 재취를 얻어 살고 있다면 상황은 달라진다. 노부모는 그에게 노후를 의탁할 생각은 일찌감치 버리게 된다. 즉 조강지처인 맏며느리에게 의지하는 것이다. 시어른들을 위해 밥상을 차리거나 간식을 만들고 정갈한 옷으로 갈아입히는 일, 목욕 수발을 드는 일은 거의 며느리가 한다. 한마디로 남의 딸을 며느리로 얻어서 그녀의 돌봄 서비스 덕분에 아들 가진 권세를 누렸다.

　그런데 그게 삐거덕거리기 시작했다. 남녀 모두 경제활동을 하는 현대사회에서 물질적 기반은 현대를 살고 있지만, 정신적 기반은 여전히 봉건시대 농경사회를 살아간다. 그러다 보니 부모를 둘러싼 애정이 다를 수밖에 없다. 다른 건 당연하다고 인정을 하고 각자 마음 가는대로 제 부모에게 잘하면 되는 거다. 여성은 그게 참 분리가 잘된다. 각자 배우자를 생각해서 그 부모에게 기본적인 도리를 하려 한다. 그러나 무리하게 요구한다면 엇박자가 나기 쉬운 부분이다.

멀리 살면서 주말마다 병석에 누운 배우자의 부모를 보러 가는 일은 쉬운 일이 아니다. 그걸 인정하고 서로 본인 부모님 중심으로 수발을 하면 문제가 없다. 꼭 같이 가야 한다고 생각하는 순간, "나는 네부모 아플 때 어떻게 했는데." 하는 마음이 들 것이다. 그저 서로 쿨하게 다니는 것이 현명하다. 배우자에게 강요하지 말고 제 부모 섬기기를 다한다면 부부관계는 상처를 받지 않는다. '긴 병에 효자 없다'는 말이 있듯이 병수발은 누구에게나 힘든 과정이다. 그런데 자기 마음같이 애달파하지 않는다고 눈치 주고 자기처럼 매달려 간병하지 않는다고 서운해하기 시작하면 끝이 없다. 부모 간병하다가 부부 사이만 악화되는 경우가 허다하다. 간병을 잘하네, 못하네 하는 생각 때문이다.

그런데 결혼을 한 많은 남자들이 갑자기 효심이 솟아나기 시작하는 모양이다. 아내에게 자기 부모에 대한 효도를 요구하기 시작한다. 아침, 저녁으로 전화도 하고 친딸처럼 살갑게 지내기를 바란다. 남자는 아내의 어머니에게 그렇게 하지 않으면서 말이다. 며느리는 딸이 아니다. 친엄마와도 아침, 저녁으로 전화로 이야기할 거리가 많지 않다는 것을 모르는 모양이다. 무뚝뚝하여 자기들이 어머니에게 못한 이야기 서비스를 며느리가 대신해 주기를 바라며 여우 같기를 기대한다.

그것도 하루 이틀, 한 해 두 해라면 모를까 어려운 일이다. 역시 효도는 셀프로 해야 한다. 어머니는 언제나 그곳에 있는 태산 같은 존재이다. 어린 시절 어머니가 고생하는 모습을 지켜본 아들은 어머니를 생각하면 가슴이 찢어진다. 그렇게 알뜰살뜰 자식 뒷바라지에 세월을 보낸 늙고 병든 어머니를 직장생활 한답시고 자주 찾아가지도 못한다. 마음은 짠하지만 아들에게도 아들의 생활이 있다. 그래서 제 마음껏 어머니께 효도를 못한 아들은 회한을 엉뚱한 아내에게 풀어 댄다. 자기가 아들 노릇 못한 게 마치 아내가 발목이라도 잡은 것인 양 탓을 한다. 자기 집에서 모시고 좋은 곳 구경시키고, 아내가 차려 드리는 맛난 음식으로 삼시 세 끼 해드렸어야 하는데 그걸 마음껏 못한 것이 못내 회한이 되어 통곡을 한다.

옥희 언니네를 보니 두 부부가 참 현명하게 사는 것 같았다. 시어머니가 자유롭게 거동을 못 하시자 요양원에 모시고 5년 정도를 지냈다. 5년 동안 남편이 매주 요양원을 방문해서 자기 어머니를 보고 왔다. 물론 아내에게는 아무런 요구도 하지 않았다. 아내도 직장을 다니는 사람이고 나이가 50대이니 주말에는 쉬어야 한다는 게 그분의 생각이었다. 옥희 언니는 그런 남편의 태도가 고맙고 자연스러웠다고 회고했다. 요양원에서 고생하시던 노모가 세상을 떠나자 옥희 언니의 남편은 바쁜 생활을 한다고 한다. 그는 매주 어머니를 보러 가야 했기에 주말이 없었는데, 이제 친구들과 산행을 하며 즐거운 생활을 한다고 한다. 대신 옥희 언니는 에너지를 비축하고 있다가 친정 엄마가 아프니까 편하게 엄마를 보러 간다. 남편이 같이 안 가니까 신경 쓸 일도 없고 해서 오히려 편하다고 한다. 매번 같이 가지 않고 어쩌다 엄마를 보러 가는 남편이 조금도 서운하지 않다. 그가 자기 어머니에게 충실했듯, 나는 내 어머니와 시간을 보내니까 이렇게 하는 것이 더 좋다는 걸 직접 경험했다. 오히려 같이 나서면 식사 때가 되면 밥걱정까지 해야 하기에 더 힘이 든다. 효도는 셀프다. 누구에게도 강요하지 말고 스스로 할 일이다. 목욕, 산책, 이야기하기, 음식 수발, 빨래, 손님 접대 등 끝이 없는 돌봄 서비스와 그에 딸린 일들을 말이다.

사람은 이별의 시간을 가질 수 있다는 것만으로도 행운이다. 부모 자식 간에는 더욱 그럴 것이다. 의료 서비스의 발달로 집에서 자식들의 돌봄을 받는 시대는 지났다. 병원이나 요양원에서 임종을 맞이하는 걸 당연하게 여기는 사회가 되었다. 그곳에 계시는 부모를 찾아가는 사람은 주로 당신들의 아들과 딸이다. 부모와의 이별을 앞두고 더 애달픈 사람이기 때문이다. 그 배우자들이야 한 치 건너 두 치 너머 있는 사람들이라는 걸 인정하면 그만이다. 세상이 참 많이 변했다.

▶ '효도는 셀프서비스'라는 말에 대하여 의견을 나누어 보자.

▶ 명절 문화의 불편한 점을 드러내고 개선되기를 바라는 점을 이야기해 보자.

다시 학교에서, 페미니즘 수업을

여성 장애인은 너무 힘들어요

10대 아이들은 어떻게 페미니즘을 만나는가? 여학생들은 대체로 책과 SNS를 통해서 그들 나름의 지식과 정보를 쌓는다. 'NIE로 만나는 인권수업'이라는 주제로 수업을 전개했는데, 4차시 연속 프로젝트 수업이었다. 모둠별로 주제를 잡고 주제에 맞는 사진이나 기사를 오려서 붙이고 그 방향을 이야기하는 식이었다. 학생들은 성차별에 대하여 여러 모둠에서 전개하였다. 1학년 1반의 한 모둠은 아주 꼼꼼하게 장애인 중에서도 남녀 취업률이 다르고 대우도 다르다는 사실을 보도한 작은 소식란을 접하고, 장애를 가진 여성은 이중적으로 장애인+여성이라는 이유로 몇 배나 더 힘든 삶을 이어 간다고 전했다. 이것은 장애인이라는 범주에 묶여 있던 여성 장애인을 분리하여 그 입장에서 들여다보는 계기가 되었다. 여성 장애인은 남성 장애인에 비해 더 낮은 취업률, 더 낮은 임금, 더 많은 성폭력에 노출되는 상황과 마주하고 있었다. 아이들은 수업 시간에 만난 작은 신문기사를 통해 여성 장애인에 대한 현실을 알게 되고 인권 감수성을 키웠다.

선생님 왈, "여학생은 축구하는 남학생을 응원하지"

만화에 소질이 있는 한 친구는 만화 세 컷으로 자기 생각을 드러냈다.

여학생인 나는 체육시간에 신나게 운동장을 누비며 축구를 하고 싶어 한다. 그런데 그런 그 아이에게,

"여자아이가 무슨 축구니? 저기 가서 응원이나 하지."

라고 밀어내는 남학생들이 한 그룹 있다.

한편 순정소설이 너무 재미있어서 읽고 있는 남자아이에게는,

"사내자식이 순정소설이나 읽으면서 질질 울고 그러냐? 남자답게 밖에 나가서 놀든가, 아니면 무협지를 읽든가."

이 남자아이는 순정소설이 너무 재미있고 주인공에게 감정이 이입되어서 책을 놓을 수가 없는데, 책조차도 남자, 여자 구분해서 읽어야 하다니 가슴이 답답할 뿐이다. 그래서 이 두 주인공 남녀 학생들은 이렇게 주장한다.

"우리에게 '남자답게 또는 여자답게'를 강요하지 마세요. 우리는 그저 우리가 하고 싶은 운동을 하고 읽고 싶은 책을 읽을 권리와 자유가 있어요."

"학교에서는 이렇게 여학생은 선생님이 생각하는 여성으로 자라도록 하고, 남학생도 선생님들이 생각하는 남성으로 성장하도록 은연중에 강요합니다. 어른들의 그런 말이나 태도가 우리에게 미치는 영향은 엄청 큰 것이라고 생각합니다."

"어른들이 결정해 놓은 남성성, 여성성에 우리를 끼워 맞추지 말고

우리가 무엇을 원하는지, 원하는 대로 할 수 있도록 응원해 주세요."

신문이나 방송에 나오는 주요 결정은 모두 남자가 해요

신문, 방송에 나오는 중요한 결정을 하는 사람들의 사진을 보면 모두 남성이다. 20~30명 있는 곳도 남성이 전부를 차지하거나, 여성은 그저 1~2명에 불과하다. 특히 정치, 경제, 사회의 주요 의사결정을 하는 장면을 보면 더욱 그러하다. 정부 요직 인사들이 나와서 신년사를 하는 모습, 지방자치단체에서 주요 결정을 하는 장면 등은 모두 남성이다. 여성이 나오는 장면은 노인 돌봄 서비스를 하거나 다문화 가정을 다룬 기사나 아동을 돌보는 일을 하는 모습 등이 전부다. 즉 신문을 보면 여성은 없는 세상처럼 느껴진다.

정치, 경제, 사회, 문화, 국제, 금융 등 주요 인사는 남성이다. 여성은 보조적인 위치, 돌봄 서비스, 아이들과 함께 있는 정도에 그치고 있다. 남성에게 결정권이 있으니 자연스럽게 남성 중심의 문화를 재생산할 것이다. 그들이 페미니즘적인 시각과 능력을 갖지 못한 가부장적 사고를 하는 사람이라면 더욱 그러할 것이다. 이런 결정적인 자리에 여성들이 더 많이 진출하여 성평등 사회를 위해 노력을 기울여야 한다.

뉴스를 전하는 신문이나 방송에 등장하는 주요 의사결정을 하는 사람들 중에서 남녀 비율이 비슷하다면, 많은 사람들이 자연스럽게 여성도 남성과 동등하게 주요 결정을 할 수 있다는 걸 받아들일 것이다. 사람들은 여전히 기울어진 운동장에서 남성에게 유리하도록 짜여진 판을 보지 못한 채 매사에 남성이 결정권을 행사하는 것을 당연하게 받아들이곤 한다. 그것을 비틀어 보는 비판적 시각이 필요한 지점이다.

저출산의 이유가 "여성이 이기적이라서"라고요?

산부인과의 폐업을 막기 위해서 여성이 임신과 출산을 할 수 있는 것은 아니다. '저출산의 늪에 빠져서 연일 폐업하는 산부인과'라는 제목의 신문 보도를 보는 여성의 마음은 불편하다. 한때는 정부가 앞장서서 산아제한을 하였다. 둘도 많다고 으름장을 놓았다. 남아를 더 원하는 부모에 의해 여아라는 이유로 낙태를 강요당하는 세월을 보냈다.

우리 사회는 여성이 큰 용기를 내어 출산을 한다 해도 태어나는 모든 아이에게 육아와 교육, 의료 서비스를 제공해 주는 사회가 아니다. 오히려 '미혼모다, 사생아다, 한부모 가정이다' 하여 사회적 차별과 배제의 대상이 되고 만다.

부부의 이혼으로 한부모가 되면 다른 한쪽에게 양육비를 강제하여 어쨌든 아이의 생존에 도움을 주는 것도 아니다. 우리 사회는 어느 한쪽 부모에게 아이를 맡기면 아이를 외면하고 사라지거나 도망쳐 버린 채 평생 살아갈 수 있는 사회다. 양육비가 강제 집행되지 않기 때문이다. 그렇다면 우선 국가가 양육비를 지원하고 그 후에 구상권을 행사할 수도 있는데, 그런 적극적인 정책은 쓰지 않는다. 아이를 맡은 사람만 온전히 허덕이며 살아야 한다. 그러다 보니 법원 앞에서 이혼하려는 부부가 서로 아이를 맡지 않으려는 웃지 못할 풍속이 화제가 되기도 한다. 한부모로 살아간다는 건 누구라도 두려운 일이 되었다.

"한 아이를 키우려면 온 마을이 필요하다"는 말이 있지만, 지금 우리 사회는 마을이 같이 아기를 키우지 않는다. 오직 그 부모에게 의지한다. 태어나는 아기는 오직 그 부모를 의지하고 세상에 오는데, 내가 한 생명을 잘 보호하며 키울 자신이 없다고 말한다. 그만큼 개인이 모든 것을 책임져야 하는 두려운 사회를 살고 있다.

남녀가 평등한 사회라면 서로 도우며 어려움을 극복한다지만, 요즘 세상은 결혼을 한다고 해서 평생 같이 산다는 보장이 없다는 것을 아이들도 이미 알고 있다. 주변에 혼자서 힘들게 아이를 키우는 이웃을 흔히 볼 수 있다. 부부가 헤어지더라도 그 사이에 태어난 자녀에 대해서는 경제적 부담이나 정서적 돌봄은 같이 해야 하는데, 아직 우리나라에서 부부의 이혼은 자녀에게도 한쪽 부모를 상실하는 경험이다.

결국 불평등한 사회구조는 결혼과 출산을 어렵게 만든다. 결혼을 하더라도 불평등한 가부장제 질서를 떠받들고 여성의 희생을 강요하는 사회와 가족이라면 오래가기 어려울 것이다. 문화와 의식의 진보는 정치적·사회적인 제도 개선 없이는 이루기 어렵다.

먼저 사회적으로 성별 임금 격차를 없애야 한다. 남녀 임금 격차 100:64 수준이 바로 여성을 무시하는 근간이다. 이는 같은 일을 하는데 남성보다 낮은 대우를 하는 사회 시스템의 반영이다. 임금 격차를 없애야 "네가 벌면 얼마나 버느냐?"는 소리가 없는 세상이 될 것이다. 출산과 육아에 따른 경력단절이 없는 세상이 되어야 한다. 뿐만 아니라 젊은 청춘들이 결혼하고 출산할 수 있는 사회적 안전망을 구축해야 한다. 그렇지 않고 무조건 결혼하라는 식의 밀어붙이기는 이제 그 만두어야 한다.

누구나 행복할 권리가 있다. 현재 우리 사회는 결혼하고 싶고 아기를 낳고 싶어도 낳을 수 없는 현실이다. 결혼하여 더 질 높은 삶이 된다면 누가 마다하겠는가? 혼자서 열심히 일해서 겨우 살고 있는데, 둘이 합치면 혼자 누리던 그마저의 자유도 내려놓아야 한다면 용기 내기 어려운 것은 당연하다. 결혼제도에서 오는 여러 가지 사회적 억압을 걷어 내야 한다. 출산과 육아에 대한 여성의 부담과 고충을 덜어주는 사회가 전제되어야 한다. 육아휴직을 엄마, 아빠에게 공평하게 의무적으로 각 1~3년씩 보장하는 사회제도를 만들기를 제안한다. 그래야 육아를 위해 휴직한 남성이 승진에서 밀려나는 현실적 고충이 없는 사회가 될 것이다. 뿐만 아니라 육아휴직은 아이를 키우는 모든 부모가 반드시 거치는 인생과정으로 받아들이게 될 것이다. 그래야 여성이 경력단절에 대한 공포 없이 사회생활을 할 수 있다. 성차별이 줄어들고 평등할수록 결혼율이 올라가고 출산율도 증가할 것이다. 평등하기 때문에 결혼생활의 만족도가 높아져서 서로 기대고 대화하며 문제를 해결해 갈 것이다. 이 단순한 논리를 무시한 채 그저 "요즘은 여자가 문제야. 여자들이 이기적이라서 '결혼도 안 한다, 출산도 안 한다'고 하는데, 이게 모두 페미니즘 때문이야"라고 한다면 정말 답이 없다.

다시, 페미니즘이 뭐냐고요?

혹자는 '페미니즘이 문제다. 페미니즘은 여성우월주의자들이 하는 짓이다'라는 오해를 하고 있다. 한마디로 말하면 '여자도 인간이다. 그러므로 여자와 남자는 모든 면에서 평등하다'는 주장이다. 페미니즘은 남녀평등에서 출발하였다. 그러나 지금은 남녀평등은 물론 장애, 피부색, 성적 지향, 인종, 빈부 등에 따른 불평등을 해소하고 모든 사람의 평등한 세상을 만들어 가고자 하는 운동이라고 할 수 있다. 페미니즘은 원어를 그대로 사용한다. 한마디로 의역을 하기가 어려운 부분이 있는데, 양성평등이나 성평등보다 훨씬 복잡한 사회현상을 내포하고 그것의 사회변혁적 운동을 포함하기 때문이다. 남녀를 포함한 모든 사회적 약자들이 평등한 대우를 받을 수 있는 사회문화, 의식, 제도, 질서, 생활철학을 만들어 내고자 하는 것이다.

더구나 페미니즘은 여성과 남성의 대결이 아니다. 대결 구도로 맞서려는 것은 더더욱 아니다. 지금의 사회가 남성에게 유리하고 여성에게 불리하도록 작동되고 있음을 알고 그것을 보다 평등하게 움직이도록 노력하자는 운동이다. 서로 존중하고 배려하는 사회를 함께 만들자는 것이다. 여러 가지 구조적이고 복잡한 사회문제를 평등의 시각으로 만들어 가자는 뜻이다. 이렇듯 페미니즘은 남녀평등을 주장하는 초기 단계의 주장부터 다른 여러 가지 입장을 더 지니게 된 페미니즘까지 중층적 의미를 모두 포함한다. 혜화역 집회를 기점으로 일파만파 전파된 우리 사회에서 흔히 회자되는 페미니즘은 남녀평등 사회를 열망하는 목소리를 반영한다.

만약 여전히 여성의 희생을 담보로 행복을 누리고자 하는 이가 있다면 그것은 욕심에 지나지 않는다. 그것은 사랑도 아니고 우주 섭리도 아니다. 인간이 만들어 낸 가부장적 질서에 편입하는 것일 뿐이다. 이제 페미니스트가 된 사람들은 오랫동안 공고히 자리해 온 가부장적 지배체제에 균열을 내고 있다.

"여성도 똑같은 국민이다."

"여성도 안전한 나라에서 살고 싶다."

"혼자 밤길을 걸으며 산책하거나 귀가할 때에도 사람이 무섭지 않은 그런 세상에 살고 싶다."

"여자로 살 것을 강요하지 않는 사회에서 한 사람의 인간으로 자유롭게 살고 싶다."

"여자 대통령, 여류작가, 여선생, 여직원, 여비서 등으로 호칭되지 않는 인간의 범주에 들고 싶다."

"같은 일을 하면 같은 임금을 받는 사람으로 대우받고 싶다."

"일에서도 성공하고 사랑도 할 수 있는 세상에서 살고 싶다."

그러곤 되짚어서 질문을 한다. 결혼한 후의 일상에 대하여.

"왜 결혼을 해야 하나요?"

"왜 아이는 반드시 엄마가 돌보아야 하나요?"

"왜 시댁에 먼저 가야 하죠?"

"내가 왜 경력단절이라는 엄청난 일을 겪어야 하나요?"

"나 혼자 살기에도 힘든데, 결혼하면 혼자 살 때보다 더 나은 게 있나요?"

"밖에서 일하고 집에 돌아오면 육아와 가사를 내가 책임져야 하나요?"

"명절에 그냥 혼자만의 시간을 보내며 쉬고 싶은데, 가능한가요?"

이런 질문이 쏟아져 나온다면 여전히 남성을 중심에 두고 세상이 돌아간다는 것이다. 그냥 둘이서 잘 살도록 응원해 주고 도와주는 그런 세상이 온다면 생각은 바뀔 수도 있다. 그리고 일하는 사람들이 아이를 키울 수 있도록 사회적으로 육아를 함께 해 준다면 더욱 좋은 일이다. 여성을 여성다움으로 가두지 말고 자기 자신의 본성을 실현할 수 있게 하자. 남성도 마찬가지다. 만약 성폭력 범죄가 일어난다면 여성도 남성과 똑같은 국민으로서 보호를 받고 있다는 확신이 들어야 한다. 괜히 남자라는 이유만으로 성폭력 범죄자인 가해자 편을 들거나 피해자인 여성에게 2차 가해를 행하는 어리석은 행동은 이제 그만해야 한다.

"한 여성의 아들로 태어나 한 여자의 연인이나 남편이 되고 사랑스러운 딸들의 아빠가 되려는 남성들이여, 페미니스트가 되시라. 그럴 때 비로소 당신의 아내와 딸들이 행복한 세상에서 안심하고 살아갈 수 있을 것이다. 진정한 페미니스트라면 남녀를 불문하고 어디를 가도 환영받을 것이다. 왜냐하면 그들은 일상생활에서 모든 사람이 평등한 사회를 만들기 위해 노력하기 때문이다."

삶의 행복을 꿈꾸는 교육은 어디에서 오는가?

미래 100년을 향한 새로운 교육 혁신교육을 실천하는 교사들의 필독서

▶ 교육혁명을 앞당기는 배움책 이야기
혁신교육의 철학과 잉걸진 미래를 만나다!

한국교육연구네트워크 총서

01 핀란드 교육혁명
한국교육연구네트워크 엮음 | 320쪽 | 값 15,000원

02 일제고사를 넘어서
한국교육연구네트워크 엮음 | 284쪽 | 값 13,000원

03 새로운 사회를 여는 교육혁명
한국교육연구네트워크 엮음 | 380쪽 | 값 17,000원

04 교장제도 혁명
한국교육연구네트워크 엮음 | 268쪽 | 값 14,000원

05 새로운 사회를 여는 교육자치 혁명
한국교육연구네트워크 엮음 | 312쪽 | 값 15,000원

06 혁신학교에 대한 교육학적 성찰
한국교육연구네트워크 엮음 | 308쪽 | 값 15,000원

07 진보주의 교육의 세계적 동향
한국교육연구네트워크 엮음 | 324쪽 | 값 17,000원
2018 세종도서 학술부문

08 더 나은 세상을 위한 학교혁명
한국교육연구네트워크 엮음 | 404쪽 | 값 21,000원
2018 세종도서 교양부문

혁신학교
성열관·이순철 지음 | 224쪽 | 값 12,000원

행복한 혁신학교 만들기
초등교육과정연구모임 지음 | 264쪽 | 값 13,000원

서울형 혁신학교 이야기
이부영 지음 | 320쪽 | 값 15,000원

혁신교육, 철학을 만나다
브렌트 데이비스·데니스 수마라 지음
현인철·서용선 옮김 | 304쪽 | 값 15,000원

혁신교육 존 듀이에게 묻다
서용선 지음 | 292쪽 | 값 14,000원

다시 읽는 조선 교육사
이만규 지음 | 750쪽 | 값 33,000원

대한민국 교육혁명
교육혁명공동행동 연구위원회 지음 | 224쪽 | 값 12,000원

한국교육연구네트워크 번역 총서

01 프레이리와 교육
존 엘리아스 지음 | 한국교육연구네트워크 옮김
276쪽 | 값 14,000원

02 교육은 사회를 바꿀 수 있을까?
마이클 애플 지음 | 강희룡·김선우·박원순·이형빈 옮김
356쪽 | 값 16,000원

**03 비판적 페다고지는
세상을 변화시킬 수 있는가?**
Seewha Cho 지음 | 심성보·조시화 옮김 | 280쪽 | 값 14,000원

04 마이클 애플의 민주학교
마이클 애플·제임스 빈 엮음 | 강희룡 옮김 | 276쪽 | 값 14,000원

05 21세기 교육과 민주주의
넬 나딩스 지음 | 심성보 옮김 | 392쪽 | 값 18,000원

**06 세계교육개혁:
민영화 우선인가 공적 투자 강화인가?**
린다 달링-해먼드 외 지음 | 심성보 외 옮김 | 408쪽 | 값 21,000원

07 콩도르세, 공교육에 관한 다섯 논문
니콜라 드 콩도르세 지음 | 이주환 옮김 | 300쪽 | 값 16,000원

대한민국 교사, 어떻게 가르칠 것인가?
윤성관 지음 | 320쪽 | 값 15,000원

아이들을 어떻게 가르칠 것인가
사토 마나부 지음 | 박찬영 옮김 | 232쪽 | 값 13,000원

모두를 위한 국제이해교육
한국국제이해교육학회 지음 | 364쪽 | 값 16,000원

경쟁을 넘어 발달 교육으로
현광일 지음 | 288쪽 | 값 14,000원

독일 교육, 왜 강한가?
박성희 지음 | 324쪽 | 값 15,000원

핀란드 교육의 기적
한넬레 니에미 외 엮음 | 장수명 외 옮김 | 456쪽 | 값 23,000원

한국 교육의 현실과 전망
심성보 지음 | 724쪽 | 값 35,000원

▶ 4·16, 질문이 있는 교실 마주이야기
통합수업으로 혁신교육과정을 재구성하다!

통하는 공부
김태호·김형우·이경석·심우근·허진만 지음
324쪽 | 값 15,000원

내일 수업 어떻게 하지?
아이함께 지음 | 300쪽 | 값 15,000원
2015 세종도서 교양부문

인간 회복의 교육
성래운 지음 | 260쪽 | 값 13,000원

교과서 너머 교육과정 마주하기
이윤미 외 지음 | 368쪽 | 값 17,000원

수업 고수들 수업·교육과정·평가를 말하다
박현숙 외 지음 | 368쪽 | 값 17,000원

도덕 수업, 책으로 묻고 윤리로 답하다
울산도덕교사모임 지음 | 320쪽 | 값 15,000원

체육 교사, 수업을 말하다
전용진 지음 | 304쪽 | 값 15,000원

교실을 위한 프레이리
아이러 쇼어 엮음 | 사람대사람 옮김 | 412쪽 | 값 18,000원

마을교육공동체란 무엇인가?
서용선 외 지음 | 360쪽 | 값 17,000원

교사, 학교를 바꾸다
정진화 지음 | 372쪽 | 값 17,000원

함께 배움
학생 주도 배움 중심 수업 이렇게 한다
니시카와 준 지음 | 백경석 옮김 | 280쪽 | 값 15,000원

공교육은 왜?
홍섭근 지음 | 352쪽 | 값 16,000원

자기혁신과 공동의 성장을 위한
교사들의 필리버스터
윤양수·원종희·장군·조경삼 지음 | 280쪽 | 값 14,000원

함께 배움 이렇게 시작한다
니시카와 준 지음 | 백경석 옮김 | 196쪽 | 값 12,000원

함께 배움 교사의 말하기
니시카와 준 지음 | 백경석 옮김 | 188쪽 | 값 12,000원

교육과정 통합, 어떻게 할 것인가?
성열관 외 지음 | 192쪽 | 값 13,000원

미래교육의 열쇠, 창의적 문화교육
심광현·노명우·강정석 지음 | 368쪽 | 값 16,000원

주제통합수업, 아이들을 수업의 주인공으로!
이윤미 외 지음 | 392쪽 | 값 17,000원

수업과 교육의 지평을 확장하는 수업 비평
윤양수 지음 | 316쪽 | 값 15,000원
2014 문화체육관광부 우수교양도서

교사, 선생이 되다
김태은 외 지음 | 260쪽 | 값 13,000원

교사의 전문성, 어떻게 만들어지나
국제교원노조연맹 보고서 | 김석규 옮김 392쪽 | 값 17,000원

수업의 정치
윤양수·원종희·장군 지음 | 280쪽 | 값 14,000원

학교협동조합,
현장체험학습과 마을교육공동체를 잇다
주수원 외 지음 | 296쪽 | 값 15,000원

거꾸로 교실,
잠자는 아이들을 깨우는 수업의 비밀
이민경 지음 | 280쪽 | 값 14,000원

교사는 무엇으로 사는가
정은균 지음 | 292쪽 | 값 15,000원

마음의 힘을 기르는 감성수업
조선미 외 지음 | 300쪽 | 값 15,000원

작은 학교 아이들
지경준 엮음 | 376쪽 | 값 17,000원

아이들의 배움은 어떻게 깊어지는가
이시이 준지 지음 | 방지현·이창희 옮김 | 200쪽 | 값 11,000원

대한민국 입시혁명
참교육연구소 입시연구팀 지음 | 220쪽 | 값 12,000원

교사를 세우는 교육과정
박승열 지음 | 312쪽 | 값 15,000원

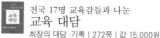
전국 17명 교육감들과 나눈
교육 대담
최창의 대담·기록 | 272쪽 | 값 15,000원

들뢰즈와 가타리를 통해
유아교육 읽기
리세롯 마리엣 올슨 지음 | 이연선 외 옮김 | 328쪽 | 값 17,000원

학교 혁신의 길, 아이들에게 묻다
남궁상운 외 지음 | 272쪽 | 값 15,000원

프레이리의 사상과 실천
사람대사람 지음 | 352쪽 | 값 18,000원
2018 세종도서 학술부문

혁신학교, 한국 교육의 미래를 열다
송순재 외 지음 | 608쪽 | 값 30,000원

페다고지를 위하여
프레네의 『페다고지 불변요소』 읽기
박찬영 지음 | 296쪽 | 값 15,000원

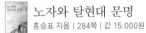
노자와 탈현대 문명
홍승표 지음 | 284쪽 | 값 15,000원

선생님, 민주시민교육이 뭐예요?
염경미 지음 | 244쪽 | 값 15,000원

어쩌다 혁신학교
유우석 외 지음 | 380쪽 | 값 17,000원

미래, 교육을 묻다
정광필 지음 | 232쪽 | 값 15,000원

대학, 협동조합으로 교육하라
박주희 외 지음 | 252쪽 | 값 15,000원

입시, 어떻게 바꿀 것인가?
노기원 지음 | 306쪽 | 값 15,000원

촛불시대, 혁신교육을 말하다
이용관 지음 | 240쪽 | 값 15,000원

라운드 스터디
이시이 데루마사 외 엮음 | 224쪽 | 값 15,000원

미래교육을 디자인하는 학교교육과정
박승열 외 지음 | 348쪽 | 값 18,000원

흥미진진한 아일랜드 전환학년 이야기
제리 제퍼스 지음 | 최상덕·김호원 옮김 | 508쪽 | 값 27,000원

폭력 교실에 맞서는 용기
따돌림사회연구모임 학급운영팀 지음 | 272쪽 | 값 15,000원

그래도 혁신학교
박은혜 외 지음 | 248쪽 | 값 15,000원

학교는 어떤 공동체인가?
성열관 외 지음 | 228쪽 | 값 15,000원

학교 민주주의의 불한당들
정은균 지음 | 276쪽 | 값 14,000원

교육과정, 수업, 평가의 일체화
리사 카터 지음 | 박승열 외 옮김 | 196쪽 | 값 13,000원

학교를 개선하는 교장
지속가능한 학교 혁신을 위한 실천 전략
마이클 풀란 지음 | 서동연·정효준 옮김 | 216쪽 | 값 13,000원

공자뎐, 논어는 이것이다
유문상 지음 | 392쪽 | 값 18,000원

교사와 부모를 위한 발달교육이란 무엇인가?
현광일 지음 | 380쪽 | 값 18,000원

교사, 이오덕에게 길을 묻다
이무완 지음 | 328쪽 | 값 15,000원

낙오자 없는 스웨덴 교육
레이프 스트란드베리 지음 | 변광수 옮김 | 208쪽 | 값 13,000원

끝나지 않은 마지막 수업
장석웅 지음 | 328쪽 | 값 20,000원

경기꿈의학교
진흥섭 외 지음 | 360쪽 | 값 17,000원

학교를 말한다
이성우 지음 | 292쪽 | 값 15,000원

행복도시 세종, 혁신교육으로 디자인하다
곽순일 외 지음 | 392쪽 | 값 18,000원

나는 거꾸로 교실 거꾸로 교사
류광모·임정훈 지음 | 212쪽 | 값 13,000원

교실 속으로 간 이해중심 교육과정
온정덕 외 지음 | 224쪽 | 값 13,000원

교실, 평화를 말하다
따돌림사회연구모임 초등우정팀 지음 | 268쪽 | 값 15,000원

학교자율운영 2.0
김용 지음 | 240쪽 | 값 15,000원

학교자치를 부탁해
유우석 외 지음 | 252쪽 | 값 15,000원

국제이해교육 페다고지
강순원 외 지음 | 256쪽 | 값 15,000원

교사 전쟁
다나 골드스타인 지음 | 유성상 외 옮김 | 468쪽 | 값 23,000원

미래교육, 어떻게 만들어갈 것인가?
송기상·김성천 지음 | 300쪽 | 값 16,000원

인공지능 시대의 사회학적 상상력
홍승표 지음 | 260쪽 | 값 15,000원

선생님, 페미니즘이 뭐예요?
염경미 지음 | 280쪽 | 값 15,000원

▶ 교과서 밖에서 만나는 역사 교실
상식이 통하는 살아 있는 역사를 만나다

전봉준과 동학농민혁명
조광환 지음 | 336쪽 | 값 15,000원

교과서 밖에서 배우는 역사 공부
정은교 지음 | 292쪽 | 값 14,000원

남도의 기억을 걷다
노성태 지음 | 344쪽 | 값 14,000원

팔만대장경도 모르면 빨래판이다
전병철 지음 | 360쪽 | 값 16,000원

응답하라 한국사 1·2
김은석 지음 | 356쪽·368쪽 | 각권 값 15,000원

빨래판도 잘 보면 팔만대장경이다
전병철 지음 | 360쪽 | 값 16,000원

즐거운 국사수업 32강
김남선 지음 | 280쪽 | 값 11,000원

영화는 역사다
강성률 지음 | 288쪽 | 값 13,000원

즐거운 세계사 수업
김은석 지음 | 328쪽 | 값 13,000원

친일 영화의 해부학
강성률 지음 | 264쪽 | 값 15,000원

강화도의 기억을 걷다
최보길 지음 | 276쪽 | 값 14,000원

한국 고대사의 비밀
김은석 지음 | 304쪽 | 값 13,000원

광주의 기억을 걷다
노성태 지음 | 348쪽 | 값 15,000원

조선족 근현대 교육사
정미량 지음 | 320쪽 | 값 15,000원

**선생님도 궁금해하는
한국사의 비밀 20가지**
김은석 지음 | 312쪽 | 값 15,000원

다시 읽는 조선근대 교육의 사상과 운동
윤건차 지음 | 이명실·심성보 옮김 | 516쪽 | 값 25,000원

걸림돌
키르스텐 세룹-빌펠트 지음 | 문봉애 옮김
248쪽 | 값 13,000원

음악과 함께 떠나는 세계의 혁명 이야기
조광환 지음 | 292쪽 | 값 15,000원

역사수업을 부탁해
열 사람의 한 걸음 지음 | 388쪽 | 값 18,000원

논쟁으로 보는 일본 근대 교육의 역사
이명실 지음 | 324쪽 | 값 17,000원

진실과 거짓, 인물 한국사
하성환 지음 | 400쪽 | 값 18,000원

다시, 독립의 기억을 걷다
노성태 지음 | 320쪽 | 값 16,000원

우리 역사에서 사라진 근현대 인물 한국사
하성환 지음 | 296쪽 | 값 18,000원

한국사 리뷰
김은석 지음 | 244쪽 | 값 15,000원

꼬물꼬물 거꾸로 역사수업
역모자들 지음 | 436쪽 | 값 23,000원

▶ 더불어 사는 정의로운 세상을 여는 인문사회과학
사람의 존엄과 평등의 가치를 배운다

 밥상혁명
강양구·강이현 지음 | 298쪽 | 값 13,800원

 도덕 교과서 무엇이 문제인가?
김대용 지음 | 272쪽 | 값 14,000원

 자율주의와 진보교육
조엘 스프링 지음 | 심성보 옮김 | 320쪽 | 값 15,000원

 민주화 이후의 공동체 교육
심성보 지음 | 392쪽 | 값 15,000원
2009 문화체육관광부 우수학술도서

 갈등을 넘어 협력 사회로
이창언·오수길·유문종·신윤관 지음 | 280쪽 | 값 15,000원

 동양사상과 마음교육
정재걸 외 지음 | 356쪽 | 값 16,000원
2015 세종도서 학술부문

 교과서 밖에서 배우는 철학 공부
정은교 지음 | 280쪽 | 값 14,000원

 교과서 밖에서 배우는 사회 공부
정은교 지음 | 304쪽 | 값 15,000원

 교과서 밖에서 배우는 윤리 공부
정은교 지음 | 292쪽 | 값 15,000원

 한글 혁명
김슬옹 지음 | 388쪽 | 값 18,000원

 우리 안의 미래교육
정재걸 지음 | 484쪽 | 값 25,000원

 비판적 실천을 위한 교육학
이윤미 외 지음 | 448쪽 | 값 23,000원

 좌우지간 인권이다
안경환 지음 | 288쪽 | 값 13,000원

 민주시민교육
심성보 지음 | 544쪽 | 값 25,000원

 민주시민을 위한 도덕교육
심성보 지음 | 500쪽 | 값 25,000원
2015 세종도서 학술부문

 교과서 밖에서 배우는 인문학 공부
정은교 지음 | 280쪽 | 값 13,000원

 오래된 미래교육
정재걸 지음 | 392쪽 | 값 18,000원

 대한민국 의료혁명
전국보건의료산업노동조합 엮음 | 548쪽 | 값 25,000원

 교과서 밖에서 배우는 고전 공부
정은교 지음 | 288쪽 | 값 14,000원

 전체 안의 전체 사고 속의 사고
김우창의 인문학을 읽다
현광일 지음 | 320쪽 | 값 15,000원

 카스트로, 종교를 말하다
피델 카스트로·프레이 베토 대담 | 조세종 옮김
420쪽 | 값 21,000원

 일제강점기 한국철학
이태우 지음 | 448쪽 | 값 25,000원

 한국 교육 제4의 길을 찾다
이길상 지음 | 400쪽 | 값 21,000원

 왜 그는 한국으로 돌아왔는가?
황선준 지음 | 364쪽 | 값 17,000원

▶ 남북이 하나 되는 두물머리 평화교육
분단 극복을 위한 치열한 배움과 실천을 만나다

 10년 후 통일
정동영·지승호 지음 | 328쪽 | 값 15,000원

 분단시대의 통일교육
성래운 지음 | 428쪽 | 값 18,000원

 한반도 평화교육 어떻게 할 것인가
이기범 외 지음 | 252쪽 | 값 15,000원

 선생님, 통일이 뭐예요?
정경호 지음 | 252쪽 | 값 13,000원

 김창환 교수의 DMZ 지리 이야기
김창환 지음 | 264쪽 | 값 15,000원

▶ 평화샘 프로젝트 매뉴얼 시리즈
학교폭력에 대한 근본적인 예방과 대책을 찾는다

 학교폭력 어떻게 만들어지는가
문재현 외 지음 | 300쪽 | 값 14,000원

 아이들을 살리는 동네
문재현·신동명·김수동 지음 | 204쪽 | 값 10,000원

 학교폭력, 멈춰!
문재현 외 지음 | 348쪽 | 값 15,000원

 평화! 행복한 학교의 시작
문재현 외 지음 | 252쪽 | 값 12,000원

 왕따, 이렇게 해결할 수 있다
문재현 외 지음 | 236쪽 | 값 12,000원

 마을에 배움의 길이 있다
문재현 지음 | 208쪽 | 값 10,000원

 젊은 부모를 위한 백만 년의 육아 슬기
문재현 지음 | 248쪽 | 값 13,000원

 별자리, 인류의 이야기 주머니
문재현·문한뫼 지음 | 444쪽 | 값 20,000원

 우리는 마을에 산다
유양우·신동명·김수동·문재현 지음 | 312쪽 | 값 15,000원

 동생아, 우리 뭐 하고 놀까?
문재현 외 지음 | 280쪽 | 값 15,000원

▶ 창의적인 협력 수업을 지향하는 삶이 있는 국어 교실
우리말 글을 배우며 세상을 배운다

 중학교 국어 수업 어떻게 할 것인가?
김미경 지음 | 340쪽 | 값 15,000원

 토론의 숲에서 나를 만나다
명혜정 엮음 | 312쪽 | 값 15,000원

 토닥토닥 토론해요
명혜정·이명선·조선미 엮음 | 288쪽 | 값 15,000원

 인문학의 숲을 거니는 토론 수업
순천국어교사모임 엮음 | 308쪽 | 값 15,000원

 어린이와 시
오인태 지음 | 192쪽 | 값 12,000원

 수업, 슬로리딩과 함께
박경숙 외 지음 | 268쪽 | 값 15,000원

 언어던
정은균 지음 | 268쪽 | 값 15,000원

▶ 출간 예정

근간 **프레네 실천 교육학**
정훈 지음

근간 **자유학기제란 무엇인가?**
최상덕 지음

근간 **교육이성 비판**
조상식 지음

근간 **식물의 교육학**
이차영 지음

근간 **신채호, 역사란 무엇인가?**
이주영 지음

근간 **민·관·학 협치 시대를 여는
마을교육공동체 만들기**
김태정 지음

근간 **민주주의와 교육**
Pilar Ocadiz, Pia Wong, Carlos Torres 지음| 유성상 옮김

근간 **민주시민교육을 위한
역사수업 어떻게 할 것인가?**
황현정 지음

근간 **경남 역사의 기억을 걷다**
류형진 외 지음

근간 **마을교육공동체 운동의 역사와 미래**
김용련 지음

근간 **한국 교육 어디서 와서 어디로 가는가?**
이주영 지음

근간 **삶을 위한
국어교육과정, 어떻게 만들 것인가?**
명혜정 지음

근간 **마을수업, 마을교육과정!**
서용선·백윤애 지음

근간 **즐거운 동아시아사 수업**
김은석 지음

근간 **혁신학교,
다 함께 만들어 가는 강명초 5년 이야기**
이부영 지음

근간 **미국의 진보주의 교육 운동사**
윌리엄 헤이스 지음 | 심성보 외 옮김

참된 삶과 교육에 관한
생각 줍기